TACITUS

DIE RÖMER IN ENGLAND

Originaltexte mit deutscher Übertragung
Herausgegeben von Wilhelm Sieveking

Ernst Heimeran Verlag

2. Auflage. 5. bis 6. Tausend. 1943

Inhalt

Die ersten britannischen Feldzüge unter Caesar 55/54 v. Chr.
Caesar, De bello Gallico IV 20—V 23 . . . . S. 7

Friedenszeit unter Augustus
Strabon IV 5, 1—3 und Diodoros V 21. 22 . . . . S. 63

Südbritannien unter Claudius
Cassius Dio LX, 19—20; Pomponius Mela, De Choro-
graphia III 49—52 u. Tacitus, Annales XII, 31—40 . S. 75

Rückschläge zur Zeit des Nero und des Vitellius
Tacitus, Annales XIV 29—39; Historiae III, 44—45 . S. 103

Unterwerfung Britanniens bis Hochschottland 77/85 n. Chr.
Tacitus, Agricola . . . . S. 125

Nachwort S. 211. Anmerkungen S. 217. Karte S. 6

DIE ERSTEN BRITANNISCHEN FELD-ZÜGE UNTER CAESAR 55 UND 54 V. CHR.

Erkundungsfahrten. Freiwillige Unterwerfung einzelner britannischer Stämme und der Moriner. Erste Landung des Heeres. Sieg der Römer. Friedensverhandlungen. Beschädigung der römischen Flotte durch Sturm. Aufstand der Britannier. Neue Unterwerfung. Rückkehr der Römerflotte zum Festland. Meuterei der Moriner. Winterquartier in Belgien. Römisches Dankfest. Neuaufbau der römischen Flotte. Sammlung im Hafen Itius (vermutlich Boulogne). Niederwerfung der aufständischen Treverer. Gallische Unruhen. Unterbrechung der Einschiffung und Tod des Empörers Dumnorix. Überfahrt und Landung in Britannien. Erstürmung der britannischen Waldstellungen. Verfolgung des Feindes. Sturm. Große Verluste der römischen Flotte. Rückkehr zur Küste. Bergung der Schiffe. Wiederaufnahme der Kämpfe im Inneren des Landes. Beschreibung der Insel. Übergabe vieler britannischer Stämme. Mißglückter Angriff auf das römische Schiffslager. Glückliche Rückkehr nach Gallien.

Exigua parte aestatis reliqua Caesar, etsi in his locis, quod omnis Gallia ad septentriones vergit, maturae sunt hiemes, tamen in Britanniam proficisci contendit, quod omnibus fere Gallicis bellis hostibus nostris inde subministrata auxilia intellegebat et, si tempus anni ad bellum gerendum deficeret, tamen magno sibi usui fore arbitrabatur, si modo insulam adisset, genus hominum perspexisset, loca, portus, aditus cognovisset. quae omnia fere Gallis erant incognita. neque enim temere praeter mercatores illo adit quisquam, neque iis ipsis quicquam praeter oram maritimam atque eas regiones, quae sunt contra Galliam, notum est. itaque evocatis ad se undique mercatoribus, neque quanta esset insulae magnitudo neque quae aut quantae nationes incolerent neque quem usum belli haberent aut quibus institutis uterentur neque qui essent ad maiorem navium multitudinem idonei portus, reperire poterat.

Ad haec cognoscenda, priusquam periculum faceret, idoneum esse arbitratus Gaium Volusenum cum navi longa praemittit. huic mandat, uti exploratis omnibus rebus ad se quam primum revertatur. ipse cum omnibus copiis in Morinos proficiscitur, quod inde erat brevissimus in Britanniam traiectus. huc naves undique ex finitimis regionibus et, quam superiore aestate ad Veneticum bellum fecerat classem, iubet convenire. interim consilio eius cognito et per mercatores perlato ad Britannos a compluribus eius insulae civitatibus ad eum legati veniunt, qui polliceantur

Schon war der Sommer fast ganz verstrichen. Dennoch betrieb Caesar den Zug gegen Britannien, obgleich in jener Gegend der Winter früh eintritt, denn ganz Gallien erstreckt sich nordwärts. Er sah nämlich, daß unsere Gegner in fast allen gallischen Kriegen Hilfe von dort erhalten hatten, und glaubte, daß es ihm, wenn auch die Jahreszeit zur Kriegführung nicht ausreichen sollte, recht nützlich sein werde, wenn er überhaupt die Insel besuche, ihren Menschenschlag erforsche und ihr Land, ihre Häfen und Zugänge kennenlerne. Denn dies alles war den Galliern so gut wie unbekannt. Außer Kaufleuten sucht nämlich niemand ohne weiteres diese Gegend auf, und selbst diese kennen nichts außer der Küste und dem Gallien gegenüberliegenden Gebiet. Deshalb konnte Caesar, obwohl er Kaufleute von allen Seiten zu sich entboten hatte, nicht feststellen, wie groß die Insel sei, welche und wie viele Stämme sie bewohnten, wie sie Krieg führten oder welches ihre Lebensgewohnheiten seien, noch auch, welche Häfen sich für eine größere Anzahl Schiffe eigneten.

Um dies alles vor einem Versuch zu ergründen, schickte er Gajus Volusenus, den er für geeignet hielt, mit einem Kriegsschiff voraus. Er trug ihm auf, alles zu erkunden und dann so bald wie möglich zu ihm zurückzukehren. Er selbst rückte mit dem ganzen Heer ins Land der Moriner, weil von dort die kürzeste Überfahrt nach Britannien ausgeht. Hier ließ er von allen Seiten Schiffe aus den Nachbargebieten und die Flotte, die er im Sommer vorher für den venetischen Krieg gebildet hatte, zusammentreffen. Inzwischen kamen, da sein Plan erkannt und durch Kaufleute

obsides dare atque imperio populi Romani obtemperare. quibus auditis liberaliter pollicitus hortatusque, ut in ea sententia permanerent, eos domum remittit et cum iis una Commium, quem ipse Atrebatibus superatis regem ibi constituerat, cuius et virtutem et consilium probabat, et quem sibi fidelem esse arbitrabatur, cuiusque auctoritas in his regionibus magni habebatur, mittit. huic imperat, quas possit adeat civitates horteturque, ut populi Romani fidem sequantur, seque celeriter eo venturum nuntiet. Volusenus perspectis regionibus, quantum ei facultatis dari potuit, qui ex navi egredi ac se barbaris committere non auderet, quinto die ad Caesarem revertitur quaeque ibi perspexisset, renuntiat.

Dum in his locis Caesar navium parandarum causa moratur, ex magna parte Morinorum ad eum legati venerunt, qui se de superioris temporis consilio excusarent, quod homines barbari et nostrae consuetudinis imperiti bellum populo Romano fecissent, seque ea, quae imperasset, facturos pollicerentur. hoc sibi Caesar satis opportune accidisse arbitratus, quod neque post tergum hostem relinquere volebat neque belli gerendi propter anni tempus facultatem habebat neque has tantularum rerum occupationes Britanniae anteponendas iudicabat, magnum iis numerum obsidum imperat. quibus adductis eos in fidem recipit. navibus circiter octoginta onerariis coactis, contractisque, quot satis esse ad duas transportandas legiones exi-

den Britanniern hinterbracht worden war, von mehreren
Stämmen dieser Insel Gesandte zu ihm, um zu versprechen,
sie wollten Geiseln stellen und der Herrschaft des römischen Volkes gehorchen. Er hörte sie an, machte ihnen
großzügige Versprechungen und forderte sie auf, bei diesem Beschluß zu verbleiben. Dann schickte er sie heim
und mit ihnen Commius, den er selbst nach Besiegung der
Atrebaten dort als König eingesetzt hatte. Er schätzte seine
Tüchtigkeit und Klugheit und glaubte an seine Ergebenheit; auch galt der Mann für besonders angesehen in diesen Gegenden. Er befahl ihm, möglichst viele Stämme aufzusuchen und sie aufzufordern, sich in den Schutz des
römischen Volkes zu begeben; auch solle er ankündigen,
Caesar werde bald zu ihnen kommen. Volusenus erforschte
das Gebiet, so gut es ihm möglich war, denn das Schiff
zu verlassen und sich den Barbaren anzuvertrauen wagte
er nicht. Nach vier Tagen kehrte er zu Caesar zurück und
teilte ihm die Ergebnisse seiner Erkundungen mit.

Während Caesar der Flottenrüstung wegen in dieser
Gegend weilte, kamen aus weiten Gebieten des Moriner-
volkes Gesandte zu ihm. Sie sollten sich wegen ihrer Pläne
in vergangener Zeit entschuldigen, weil sie, Barbaren und
unvertraut mit unserem Brauche, Krieg mit dem römischen
Volke geführt hatten, und versprechen, Caesars Befehle auszuführen. Dies hielt Caesar für ein recht günstiges Ereignis,
denn er wollte keinen Feind hinter sich zurücklassen, hatte
auch wegen der Jahreszeit keine Möglichkeit, Krieg zu
führen, und war der Meinung, daß die Beschäftigung mit
so geringfügigen Dingen nicht den Vorrang vor Britannien
verdiene. Darum befahl er ihnen, eine große Anzahl Geiseln zu stellen, und nahm, als sie dies taten, ihre Unter-

stimabat, quicquid praeterea navium longarum habebat, id quaestori, legatis praefectisque distribuit. huc accedebant duodeviginti onerariae naves, quae ex eo loco a milibus passuum octo vento tenebantur, quominus in eundem portum venire possent; has equitibus tribuit. reliquum exercitum Quinto Titurio Sabino et Lucio Aurunculeio Cottae legatis in Menapios atque in eos pagos Morinorum, a quibus ad eum legati non venerant, ducendum dedit; Publium Sulpicium Rufum legatum cum eo praesidio, quod satis esse arbitrabatur, portum tenere iussit.

His constitutis rebus nactus idoneam ad navigandum tempestatem tertia fere vigilia naves solvit equitesque in ulteriorem portum progredi et naves conscendere et se sequi iussit. a quibus cum paulo tardius esset administratum, ... ipse hora diei circiter quarta cum primis navibus Britanniam attigit atque ibi in omnibus collibus expositas hostium copias armatas conspexit. cuius loci haec erat natura atque ita montibus anguste mare continebatur, uti ex locis superioribus in litus telum adigi posset. hunc ad egrediendum nequaquam idoneum locum arbitratus, dum reliquae naves eo convenirent, ad horam nonam in ancoris exspectavit. interim legatis tribunisque militum convocatis, et quae ex Voluseno cognovisset et quae fieri vellet, ostendit monuitque, uti rei militaris ratio maximeque ut maritimae res postularent, ut quae celerem atque instabilem motum haberent, ad nutum et ad tempus omnes

werfung an. Dann sammelte er etwa achtzig Lastschiffe, zog Fahrzeuge zusammen, soweit er sie für ausreichend hielt, um zwei Legionen überzusetzen, und verteilte alles, was er außerdem an Kriegsschiffen hatte, unter den Quästor, die Legaten und die Präfekten. Hierzu kamen noch achtzehn Lastschiffe, die der Wind in acht Meilen Entfernung von dieser Gegend verhinderte, denselben Hafen zu erreichen; diese überließ er der Reiterei. Den Rest des Heeres übergab er den Legaten Quintus Titurius Sabinus und Lucius Aurunculejus Cotta, um ihn in das Land der Menapier und in diejenigen Gebiete der Moriner zu führen, von denen ihn keine Gesandten aufgesucht hatten. Dem Legaten Publius Sulpicius Rufus befahl er, mit einer Besatzung, wie er sie für ausreichend hielt, den Hafen zu besetzen.

Hierauf trat günstiges Fahrwetter ein. Da ließ er um die dritte Nachtwache die Anker lichten. Den Reitern befahl er, den entfernteren Hafen aufzusuchen, die Schiffe zu besteigen und ihm zu folgen. Da diese ein wenig zu langsam seinem Befehl nachkamen . . . . Er selbst erreichte etwa um zehn Uhr morgens mit den ersten seiner Schiffe Britannien und erblickte dort auf allen Anhöhen Feinde in Waffen. Da die See von Steilufern eng umschlossen war, so gestattete das Gelände, von den Höhen Geschosse auf den Strand zu schleudern. Caesar hielt deshalb die Gegend für höchst ungeeignet zu einer Landung und wartete fünf Stunden lang vor Anker, bis die übrigen Schiffe sich dort versammelten. Inzwischen rief er seine Legaten und Kriegstribunen zusammen und legte ihnen dar, was er von Volusenus erfahren hatte und welche Leistungen er von ihnen erwarte. Er forderte sie auf, alle Be-

res ab iis administrarentur. his dimissis et ventum et aestum uno tempore nactus secundum dato signo et sublatis ancoris circiter milia passuum septem ab eo loco progressus aperto ac plano litore naves constituit.

At barbari consilio Romanorum cognito, praemisso equitatu et essedariis, quo plerumque genere in proeliis uti consuerunt, reliquis copiis subsecuti nostros navibus egredi prohibebant. erat ob has causas summa difficultas, quod naves propter magnitudinem nisi in alto constitui non poterant, militibus autem ignotis locis, impeditis manibus, magno et gravi onere armorum pressis simul et de navibus desiliendum et in fluctibus consistendum et cum hostibus erat pugnandum, cum illi aut ex arido aut paulum in aquam progressi omnibus membris expeditis, notissimis locis audacter tela conicerent et equos insuefactos incitarent. quibus rebus nostri perterriti atque huius omnino generis pugnae imperiti non eadem alacritate ac studio, quo in pedestribus uti proeliis consueverant, utebantur.

Quod ubi Caesar animum advertit, naves longas, quarum et species erat barbaris inusitatior et motus ad usum expeditior, paulum removeri ab onerariis navibus et remis incitari et ad latus apertum hostium constitui atque inde fundis, sagittis, tormentis hostes propelli ac submoveri

fehle auf bloßen Wink und rechtzeitig auszuführen, wie
es die Kriegskunst erfordere und vor allem die Schiffahrt,
deren Bewegung rasch und unstet sei. Dann schickte er
sie weg. Da kamen gleichzeitig der Wind und die Flut in
günstiger Weise auf. Nun gab er ein Zeichen, ließ die
Anker lichten, fuhr etwa sieben Meilen weiter und ließ die
Schiffe an einem offenen und ebenen Gestade halten.

Aber die Barbaren durchschauten den Plan der Römer.
Zuerst schickten sie ihre Reiter und eine andere Gattung,
die sie meistens bei ihren Kämpfen verwenden, nämlich
die Wagenkämpfer; dann folgten sie mit dem Rest ihres
Heeres und suchten unsere Truppen am Aussteigen zu
hindern. Das ergab deshalb eine höchst schwierige Lage,
weil die Schiffe ihrer Größe wegen nur auf hoher See vor
Anker gehen konnten, die Soldaten aber in unbekannter
Gegend, mit vollen Händen und beschwert von ihrer recht
gewichtigen Waffenlast, gleichzeitig von den Schiffen springen, in der Flut Fuß fassen und mit dem Gegner kämpfen
mußten, während dieser vom Lande aus oder im seichten
Wasser stehend ohne Behinderung seiner Gliedmaßen und
in wohlbekannter Gegend kühn seine Geschosse entsandte
und seine an solchen Kampf gewohnten Pferde anspornte.
Unsere Leute, hierüber höchst erschreckt und völlig un-
erfahren in dieser Kampfesart, zeigten nicht dieselbe Freudigkeit und Bereitschaft, die sie im Erdkampf zu beweisen
pflegten.

Dies bemerkte Caesar. Da ließ er die Kriegsschiffe, deren
Bau für die Barbaren etwas Ungewöhnliches hatte, während sie im Kampfe besser manövrierten, sich ein wenig
von den Lastschiffen entfernen, weiterrudern, an der ungeschützten Flanke des Gegners haltmachen und von dort

iussit. quae res magno usui nostris fuit. nam et navium
figura et remorum motu et inusitato genere tormentorum
permoti barbari constiterunt ac paulum modo pedem rettu-
lerunt. at nostris militibus cunctantibus maxime propter
altitudinem maris, qui decimae legionis aquilam ferebat,
obtestatus deos, ut ea res legioni feliciter eveniret, 'desilite'
inquit 'commilitones, nisi vultis aquilam hostibus prodere;
ego certe meum rei publicae atque imperatori officium
praestitero'. hoc cum magna voce dixisset, se ex navi pro-
iecit atque in hostes aquilam ferre coepit. tum nostri cohor-
tati inter se, ne tantum dedecus admitteretur, universi ex
navi desiluerunt. hos item ex proximis navibus cum con-
spexissent, subsecuti hostibus appropinquaverunt.

Pugnatum est ab utrisque acriter. nostri tamen, quod
neque ordines servare neque firmiter insistere neque signa
subsequi poterant atque alius alia ex navi, quibuscumque
signis occurrerat, se aggregabat, magno opere perturba-
bantur. hostes vero notis omnibus vadis, ubi ex litore
aliquos singulares ex navi egredientes conspexerant, inci-
tatis equis impeditos adoriebantur, plures paucos circum-
sistebant, alii ab latere aperto in universos tela coniacie-
bant. quod cum animum advertisset Caesar, scaphas longarum navium, item speculatoria navigia militibus com-
pleri iussit et quos laborantes conspexerat, his subsidia sub-
mittebat. nostri simul in arido constiterunt, suis omnibus
consecutis in hostes impetum fecerunt atque eos in fugam
dederunt; neque longius prosequi potuerunt, quod equites

mit Schleudern, Pfeilen und andern Geschossen die Feinde vertreiben und fortscheuchen. Das war sehr vorteilhaft für unsere Leute. Denn der Bau der Schiffe, die Bewegung der Ruder und die ungewohnte Art der Geschosse erschütterte die Barbaren; sie hielten inne und zogen sich ein wenig zurück. Aber unsere Soldaten zögerten noch, vor allem wegen der Tiefe des Meeres. Da flehte der Adlerträger der zehnten Legion um Erfolg der Truppe zu den Göttern und sagte dann: „Springt, Kameraden, wenn ihr nicht unsern Adler den Feinden preisgeben wollt; ich wenigstens werde meine Pflicht gegen Staat und Feldherrn erfüllen." So rief er laut, stürzte sich vom Schiffe herab und begann, den Adler gegen die Feinde zu tragen. Da ermunterten unsere Leute einander, solche Schande nicht zuzulassen, und sprangen allesamt aus dem Schiffe. Als die Besatzungen der nächsten Schiffe sie sahen, folgten sie in gleicher Weise und näherten sich dem Gegner.

Man kämpfte beiderseits ingrimmig, aber unsere Leute gerieten in große Verwirrung, denn sie konnten weder Ordnung wahren noch fest auftreten oder den Feldzeichen folgen; auch schlossen sich bald aus diesem, bald aus jenem Schiffe Leute den Zeichen an, die ihnen gerade in den Weg kamen. Aber die Feinde kannten alle Untiefen, und wo sie vom Ufer aus einzelne Soldaten ein Schiff verlassen sahen, da griffen sie auf gespornten Pferden die Behinderten an und umstellten kleine Trupps in überlegener Zahl, während andere auf der ungeschützten Seite ihre Geschosse auf die Gesamtheit schleuderten. Caesar, der dies merkte, ließ die Beiboote der Kriegsschiffe und ebenso die Aufklärungsschiffe mit Soldaten füllen und schickte allen Hilfe, die er in Not sah. Sobald unsere Leute auf dem Lande festen Fuß

cursum tenere atque insulam capere non potuerant. hoc
unum ad pristinam fortunam Caesari defuit.

Hostes proelio superati, simulatque se ex fuga receperunt,
statim ad Caesarem legatos de pace miserunt; obsides daturos quaeque imperasset, sese facturos polliciti sunt. una
cum his legatis Commius Atrebas venit, quem supra de-
monstraveramus a Caesare in Britanniam praemissum. hunc
illi e navi egressum, cum ad eos oratoris modo Caesaris
mandata deferret, comprehenderant atque in vincula conie-
cerant. tum proelio facto remiserunt et in petenda pace
eius rei culpam in multitudinem contulerunt et propter imprudentiam, ut ignosceretur, petiverunt. Caesar questus
quod, cum ultro in continentem legatis missis pacem ab
se petissent, bellum sine causa intulissent, ignoscere im-
prudentiae dixit obsidesque imperavit. quorum illi partem
statim dederunt, partem ex longinquioribus locis arcessi-
tam paucis diebus sese daturos dixerunt. interea suos in
agros remigrare iusserunt, principesque undique convenire
et se civitatesque suas Caesari commendare coeperunt.

His rebus pace confirmata post diem quartum, quam

faßten, machten sie, während alle Kameraden folgten, einen Angriff auf die Feinde und schlugen sie in die Flucht, konnten sie aber nicht über eine längere Strecke hin verfolgen, weil die Reiter nicht hatten Kurs halten und die Insel erreichen können. Dies war das einzige, was Caesar zu seinem bisherigen Glück fehlte.

Sobald die besiegten Feinde sich nach der Flucht gesammelt hatten, schickten sie sogleich wegen des Friedens Gesandte an Caesar; sie versprachen, Geiseln zu stellen und seine Befehle auszuführen. Zusammen mit diesen Gesandten kam der Atrebate Commius, den Caesar, wie wir oben dargelegt haben, nach Britannien vorausgeschickt hatte. Die Barbaren hatten ihn, als er sein Schiff verließ und ihnen in Form einer Rede Caesars Aufträge überbrachte, ergriffen und gefesselt. Jetzt nach der Schlacht schickten sie ihn zurück, wälzten bei ihrer Bitte um Frieden die Schuld an dieser Behandlung auf die Volksmenge ab und baten um Verzeihung, weil sie so unbedacht gewesen seien. Caesar beschwerte sich, daß sie ihn so grundlos bekriegt hätten, obwohl sie unaufgefordert Gesandte auf das Festland geschickt und ihn um Frieden gebeten hätten; dann sagte er, er wolle ihrer Unbedachtsamkeit verzeihen, und befahl ihnen, Geiseln zu stellen. Einen Teil brachten sie sofort; von den übrigen sagten sie, sie würden sie aus entfernterer Gegend holen und nach wenigen Tagen ausliefern. Inzwischen befahlen sie ihren Leuten, sich in ihre Dörfer zurückzubegeben, während die Häuptlinge nun aus allen Richtungen zusammenkamen, um sich und ihre Stämme Caesar zu empfehlen. Diese Vorgänge sicherten den Frieden.

Vier Tage nach der Ankunft in Britannien lichteten bei

est in Britanniam ventum, naves duodeviginti, de quibus supra demonstratum est, quae equites sustulerant, ex superiore portu leni vento solverunt. quae cum appropinquarent Britanniae et ex castris viderentur, tanta tempestas subito coorta est, ut nulla earum cursum tenere posset, sed aliae eodem, unde erant profectae, referrentur, aliae ad inferiorem partem insulae, quae est propius solis occasum, magno suo cum periculo deicerentur. quae tamen ancoris iactis cum fluctibus complerentur, necessario adversa nocte in altum provectae continentem petiverunt.

Eadem nocte accidit, ut esset luna plena, qui dies maritimos aestus maximos in Oceano efficere consuevit, nostrisque id erat incognitum., ita uno tempore et longas naves, quibus Caesar exercitum transportandum curaverat quasque in aridum subduxerat, aestus complebat, et onerarias, quae ad ancoras erant deligatae, tempestas adflictabat, neque ulla nostris facultas aut administrandi aut auxiliandi dabatur. compluribus navibus fractis reliquae cum essent funibus ancoris reliquisque armamentis amissis ad navigandum inutiles, magna, id quod necesse erat accidere, totius exercitus perturbatio facta est. neque enim naves erant aliae, quibus reportari possent, et omnia deerant, quae ad reficiendas naves erant usui, et quod omnibus constabat hiemari in Gallia oportere, frumentum in his locis in hiemem provisum non erat.

Quibus rebus cognitis principes Britanniae, qui post proelium ad ea, quae iusserat Caesar, facienda convenerant, inter se collocuti, cum et equites et naves et frumentum Romanis deesse intellegerent et paucitatem militum ex ca-

schwachem Winde im nördlichen Hafen die achtzehn oben
erwähnten Schiffe, die die Reiter an Bord genommen hatten,
die Anker. Schon näherten sie sich Britannien und waren
vom Lager aus zu sehen, da brach plötzlich ein so heftiger
Sturm aus, daß keines von ihnen Kurs halten konnte, sondern die einen an ihren Ausgangspunkt verschlagen, die
andern unter großer Gefahr nach dem südlicheren, mehr
nach Westen gelegenen Teil Britanniens abgetrieben wurden. Sie warfen Anker, füllten sich aber dennoch mit Wasser
und mußten deshalb bei Einbruch der Nacht auf das Meer
hinausfahren, von wo sie das Festland zu gewinnen suchten.

In derselben Nacht war Vollmond, was im Ozean ge-
waltige Springfluten hervorzurufen pflegt. Unsere Leute
wußten das nicht. Daher füllte die Flut die Kriegsschiffe,
die Caesar das Heer hatte hinüberfahren und die er auf den
Strand hatte ziehen lassen, und gleichzeitig beschädigte der
Sturm die vor Anker liegenden Lastschiffe; unsere Leute
aber konnten in keiner Weise eingreifen oder helfen. Mehrere Schiffe zerschellten; die andern verloren Taue, Anker
und die übrige Ausrüstung und waren daher zur Fahrt
nicht mehr zu gebrauchen. Große Bestürzung bemächtigte
sich, wie es gar nicht zu vermeiden war, des ganzen Heeres.
Denn es gab sonst keine Schiffe zur Rückfahrt, auch fehlten
zur Ausbesserung alle Hilfsmittel, und da man allerseits
mit einer Überwinterung in Gallien unbedingt gerechnet
hatte, so war in Britannien kein Winterproviant beschafft
worden.

Auf die Kunde hiervon hatten die britannischen Häuptlinge eine Besprechung. Sie waren nach der Schlacht zusammengekommen, um Caesars Befehle auszuführen. Da
sie sahen, daß es den Römern an Reitern, Schiffen und

strorum exiguitate cognoscerent, quae hoc erant etiam angustiora, quod sine impedimentis Caesar legiones transportaverat, optimum factu esse duxerunt rebellione facta frumento commeatuque nostros prohibere et rem in hiemem producere, quod his superatis aut reditu interclusis neminem postea belli inferendi causa in Britanniam transiturum confidebant. itaque rursus coniuratione facta paulatim ex castris discedere et suos clam ex agris deducere coeperunt.

At Caesar, etsi nondum eorum consilia cognoverat, tamen et ex eventu navium suarum et ex eo, quod obsides dare intermiserant, fore id, quod accidit, suspicabatur. itaque ad omnes casus subsidia comparabat. nam et frumentum ex agris cotidie in castra conferebat et quae gravissime afflictae erant naves, earum materia atque aere ad reliquas reficiendas utebatur et quae ad eas res erant usui, ex continenti comparari iubebat. itaque, cum summo studio a militibus administraretur, duodecim navibus amissis, reliquis ut navigari satis commode posset, effecit.

Dum ea geruntur, legione ex consuetudine una frumentatum missa, quae appellabatur septima, neque ulla ad id tempus belli suspicione interposita, cum pars hominum in agris remaneret, pars etiam in castra ventitaret, ii, qui pro portis castrorum in statione erant, Caesari nuntiaverunt pulverem maiorem, quam consuetudo ferret, in ea parte videri, quam in partem legio iter fecisset. Caesar id, quod

Verpflegung fehlte, und sie die geringe Zahl unserer Soldaten an der Kleinheit des Lagers erkannten, das noch beschränkter war, weil Caesar die Legionen ohne Troß hatte übersetzen lassen, hielten sie es für das Beste, sich zu empören, unsere Leute an der Beschaffung von Vorräten zu hindern und den Kampf bis in den Winter hinein zu verlängern. Denn sie rechneten damit, daß niemand mehr in kriegerischer Absicht nach Britannien übersetzen werde, wenn dieses Heer besiegt oder ihm der Rückweg abgeschnitten sei. Deshalb verschworen sie sich aufs neue und begannen allmählich, das Lager zu verlassen und ihre Anhänger heimlich auf dem platten Lande zusammenzuziehen.

Caesar hatte zwar noch keine Kenntnis von ihren Plänen, aber wegen des Schicksals seiner Schiffe und weil sie die Auslieferung der Geiseln unterbrochen hatten, vermutete er trotzdem, was später tatsächlich geschah. Deshalb ergriff er Maßnahmen auf alle Fälle. Denn er ließ täglich Getreide vom Felde ins Lager schaffen, benutzte Holz und Metall der am schwersten beschädigten Schiffe, um die andern auszubessern, und ließ vom Festland beschaffen, was hierfür nötig war. So erreichte er, da die Soldaten sehr eifrig tätig waren, daß er nach Verlust von zwölf Schiffen mit den übrigen recht bequem fahren konnte.

Während dieser Vorgänge war eine Legion, die siebente, wie üblich zum Getreideholen ausgesandt worden. Bis zu jener Zeit hegte man noch keinen Kriegsverdacht, da die Menschen zum Teil in den Dörfern zurückblieben, zum Teil sogar häufig das Lager aufsuchten. Aber da meldeten die vor den Lagertoren aufgestellten Posten Caesar, daß eine über Gewohnheit große Staubwolke in der Richtung

erat, suspicatus, aliquid novi a barbaris initum consilii, cohortes, quae in stationibus erant, secum in eam partem proficisci, ex reliquis duas in stationem succedere, reliquas armari et confestim se subsequi iussit. cum paulo longius a castris processisset, suos ab hostibus premi atque aegre sustinere et conferta legione ex omnibus partibus tela conici animum advertit. nam quod omni ex reliquis partibus demesso frumento una pars erat reliqua, suspicati hostes huc nostros esse venturos noctu in silvis delituerant. tum dispersos depositis armis in metendo occupatos subito adorti paucis interfectis reliquos incertis ordinibus perturbaverant, simul equitatu atque essedis circumdederant.

Genus hoc est ex essedis pugnae: primo per omnes partes perequitant et tela coniciunt atque ipso terrore equorum et strepitu rotarum ordines plerumque perturbant et, cum se inter equitum turmas insinuaverunt, ex essedis desiliunt et pedibus proeliantur. aurigae interim paulum ex proelio excedunt atque ita currus collocant, ut, si illi a multitudine hostium premantur, expeditum ad suos receptum habeant. ita mobilitatem equitum, stabilitatem peditum in proeliis praestant, ac tantum usu cotidiano et exercitatione efficiunt, uti in declivi ac praecipiti loco incitatos equos sustinere et brevi moderari ac flectere et per temonem

zu sehen sei, die die Legion eingeschlagen habe. Caesar vermutete, was auch wirklich geschehen war, daß die Barbaren einen neuen Plan gefaßt hätten. Deshalb befahl er den auf Wache befindlichen Kohorten, mit ihm in derselben Richtung aufzubrechen, während von den übrigen zwei auf Wache nachrücken, die andern sich waffnen und ihm in Eile folgen sollten. Als er sich ein wenig weiter vom Lager entfernt hatte, bemerkte er, daß seine Leute von den Feinden bedrängt wurden und nur mit Mühe standhielten; die Legion war zusammengedrängt und wurde von allen Seiten mit Geschossen beworfen. Man hatte nämlich das ganze Korn geerntet mit Ausnahme eines Gebietes; deshalb hatten die Gegner vermutet, daß unsere Leute dorthin kommen würden, und sich nachts in den Wäldern verborgen. Dann hatten sie die Zerstreuten, die ihre Waffen abgelegt hatten und mit der Ernte beschäftigt waren, plötzlich angegriffen, wenige getötet und die übrigen, die außer Reih und Glied standen, in Verwirrung gebracht, gleichzeitig auch mit Reitern und Streitwagen umzingelt.

Die Kampfesart der Streitwagen ist die folgende. Zuerst durchfahren sie das Schlachtfeld in allen Richtungen, werfen ihre Geschosse und bringen schon durch Beängstigung der Pferde und durch Rädergerassel die feindlichen Reihen in der Regel in Verwirrung. Wenn sie sich dann in die Reitergeschwader eingedrängt haben, springen sie von den Streitwagen und kämpfen zu Fuß. Inzwischen verlassen ihre Wagenlenker das Gefecht ein wenig und stellen die Wagen so auf, daß die Kämpfer sich leicht zu ihren Genossen zurückziehen können, wenn die Menge ihrer Gegner sie bedrängt. So sind sie in der Schlacht beweglich wie Reiter und standfest wie das Fußvolk. Durch tägliche Gewöhnung

percurrere et in iugo insistere et inde se in currus citissime recipere consuerint.

Quibus rebus perturbatis nostris tempore opportunissimo Caesar auxilium tulit. namque eius adventu hostes constiterunt, nostri se ex timore receperunt. quo facto ad lacessendum hostem et committendum proelium alienum esse tempus arbitratus suo se loco continuit et brevi tempore intermisso in castra legiones reduxit. dum haec geruntur, nostris omnibus occupatis, qui erant in agris reliqui discesserunt. Secutae sunt continuos complures dies tempestates, quae et nostros in castris continerent et hostem a pugna prohiberent. interim barbari nuntios in omnes partes dimiserunt paucitatemque nostrorum militum suis praedicaverunt et quanta praedae faciendae atque in perpetuum sui liberandi facultas daretur, si Romanos castris expulissent, demonstraverunt. his rebus celeriter magna multitudine peditatus equitatusque coacta ad castra venerunt.

Caesar, etsi idem, quod superioribus diebus acciderat, fore videbat, ut, si essent hostes pulsi, celeritate periculum effugerent, tamen nactus equites circiter triginta, quos Commius Atrebas, de quo ante dictum est, secum transportaverat, legiones in acie pro castris constituit. commisso proelio diutius nostrorum militum impetum hostes ferre

und Übung bringen sie es dahin, daß es ihnen nichts ausmacht, auf steilem und abschüssigem Boden galoppierende Pferde anzuhalten oder sie rasch zu zügeln und zu wenden, auch über die Deichsel zu laufen, sich auf ihren Querbalken zu stellen und von dort sich schleunigst auf den Wagen zurückzuziehen.

Alles dies brachte unsere Leute außer Fassung; da kam Caesar ihnen gerade zu rechter Zeit zu Hilfe. Denn bei seinem Erscheinen blieben die Gegner stehen, und unsere Leute überwanden ihre Furcht. In dieser Lage schien es ihm nicht an der Zeit, den Feind zu reizen und den Kampf wieder aufzunehmen; darum verharrte er an seinem Platz und führte seine Legionen nach kurzer Zeit ins Lager zurück. Als während dieser Vorgänge alle unsere Leute beschäftigt waren, entfernten sich die Feinde, die sich noch im Gelände befanden. Es folgte mehrere Tage lang ein ununterbrochener Sturm, der unsere Leute im Lager festhielt und den Feind am Kampfe hinderte. Inzwischen schickten die Barbaren Boten nach allen Seiten. Sie teilten ihren Verbündeten die geringe Anzahl unserer Soldaten mit und wiesen darauf hin, welch eine gute Gelegenheit sich biete, Beute zu machen und sich für immer zu befreien, wenn sie die Römer aus dem Lager vertrieben. Hierauf sammelte sich bald eine große Menge Fußvolk und Reiter und kam zum Lager.

Caesar sah wohl, daß sich die Ereignisse der vorigen Tage wiederholen und die Feinde, wenn sie geschlagen wären, der Gefahr schnell entrinnen würden. Trotzdem stellte er die Legionen in Schlachtordnung vor dem Lager auf, denn er hatte inzwischen etwa dreißig Reiter gewonnen, die der bereits erwähnte Atrebate Commius nach Britannien

non potuerunt ac terga verterunt. quos tanto spatio secuti, quantum cursu et viribus efficere potuerunt, complures ex iis occiderunt, deinde omnibus longe lateque aedificiis incensis se in castra receperunt.

Eodem die legati ab hostibus missi ad Caesarem de pace venerunt. his Caesar numerum obsidum, quem ante imperaverat, duplicavit eosque in continentem adduci iussit, quod propinquo die aequinoctii infirmis navibus hiemi navigationem subiciendam non existimabat. ipse idoneam tempestatem nactus paulo post mediam noctem naves solvit. quae omnes incolumes ad continentem pervenerunt. sed ex iis onerariae duae eosdem portus, quos reliquae, capere non potuerunt et paulo infra delatae sunt.

Quibus ex navibus cum essent expositi milites circiter trecenti atque in castra contenderent, Morini, quos Caesar in Britanniam proficiscens pacatos reliquerat, spe praedae adducti primo non ita magno suorum numero circumsteterunt ac, si se interfici nollent, arma ponere iusserunt. cum illi orbe facto sese defenderent, celeriter ad clamorem hominum circiter milia sex convenerunt. qua re nuntiata Caesar omnem ex castris equitatum suis auxilio misit. interim nostri milites impetum hostium sustinuerunt atque amplius horis quattuor fortissime pugnaverunt et paucis vulneribus acceptis complures ex iis occiderunt. postea vero, quam equitatus noster in conspectum venit, hostes

mitgenommen hatte. Im Kampfe konnten die Gegner auf
die Dauer die Angriffslust unserer Soldaten nicht ertragen
und wandten sich zur Flucht. Unsere Leute folgten ihnen
so lange, wie es Geschwindigkeit und Kraft erlaubten,
töteten mehrere von ihnen und zogen sich darauf ins Lager
zurück, nachdem sie alle Gebäude weit und breit in Brand
gesteckt hatten.

Am selben Tage kamen Boten der Feinde wegen eines
Friedens zu Caesar. Caesar verdoppelte ihnen die Anzahl
der Geiseln, die er früher verlangt hatte, und befahl, sie
später auf das Festland zu bringen, denn wegen der Nähe
der Tag- und Nachtgleiche und der Baufälligkeit seiner
Schiffe meinte er, eine Überfahrt im Winter nicht wagen
zu dürfen. Als dann das Wetter günstig wurde, lichtete er
kurz nach Mitternacht die Anker. Alle Schiffe erreichten
wohlbehalten das Festland; nur zwei Lastschiffe konnten
nicht dieselben Häfen wie die übrigen erreichen und wurden etwas westwärts abgetrieben.

Als erst etwa dreihundert Soldaten ausgeschifft waren
und dem Lager zueilten, wurden sie aus Beutegier von den
Morinern, die Caesar bei seiner Abfahrt nach Britannien in
Gehorsam zurückgelassen hatte, zuerst mit einer ziemlich
geringen Anzahl ihrer Leute umstellt und unter Todesan-
drohungen aufgefordert, sich zu ergeben. Als unsere Leute
einen Igel bildeten und sich zur Wehr setzten, kamen auf den
Lärm bald etwa sechstausend Mann zusammen. Auf diese
Kunde hin schickte Caesar seinen Leuten die ganze Reiterei
des Lagers zu Hilfe. Inzwischen hielten unsere Soldaten
den Ansturm der Feinde aus; über vier Stunden kämpften
sie sehr tapfer und töteten mehrere Gegner, während sie
selbst nur wenige Wunden erhielten. Als aber unsere Reiter

abiectis armis terga verterunt magnusque eorum numerus est occisus.

Caesar postero die Titum Labienum legatum cum iis legionibus, quas ex Britannia reduxerat, in Morinos, qui rebellionem fecerant, misit. qui cum propter siccitates paludum, quo se reciperent, non haberent, quo perfugio superiore anno erant usi, omnes fere in potestatem Labieni venerunt. at Quintus Titurius et Lucius Cotta legati, qui in Menapiorum fines legiones duxerant, omnibus eorum agris vastatis, frumentis succisis aedificiisque incensis, quod Menapii se omnes in densissimas silvas abdiderant, se ad Caesarem receperunt. Caesar in Belgis omnium legionum hiberna constituit. eo duae omnino civitates ex Britannia obsides miserunt, reliquae neglexerunt. his rebus gestis ex litteris Caesaris dierum viginti supplicatio ab senatu decreta est.

Lucio Domitio Appio Claudio consulibus discedens ab hibernis Caesar in Italiam, ut quotannis facere consueverat, legatis imperat, quos legionibus praefecerat, uti, quam plurimas possint, hieme naves aedificandas veteresque reficiendas curent. earum modum formamque demonstrat. ad celeritatem onerandi subductionisque paulo facit humiliores, quam quibus in nostro mari uti consuevimus, atque id eo magis, quod propter crebras commutationes aestuum minus magnos ibi fluctus fieri cognoverat, ad onera ac multitudinem iumentorum transportandam paulo latiores, quam quibus in reliquis utimur maribus. has omnes actuarias imperat fieri, quam ad rem humilitas multum adiuvat.

sich zeigten, warfen die Feinde ihre Waffen weg und flohen. Da wurde eine große Anzahl von ihnen erschlagen.

Caesar schickte am folgenden Tage den Legaten Titus Labienus mit den aus Britannien zurückgeführten Legionen gegen die Moriner, die sich empört hatten. Da ihre Sümpfe, in die sie sich im Jahre vorher geflüchtet hatten, ausgetrocknet waren, wußten sie nicht, wohin sie sich zurückziehen sollten, und gerieten fast alle in die Gewalt des Labienus. Die Legaten Quintus Titurius und Lucius Cotta, die ihre Legionen ins Gebiet der Menapier geführt hatten, verwüsteten dort alle Felder, mähten das Korn und zündeten die Häuser an. Dann zogen sie sich zu Caesar zurück, weil die Menapier sich sämtlich in dichten Wäldern verborgen hatten. Caesar ließ im Gebiet der Belgier Winterlager für alle Legionen errichten. Dorthin schickten im ganzen zwei Stämme aus Britannien Geiseln, die übrigen unterließen es. Nach diesen Geschehnissen ordnete der Senat ein zwanzigtägiges Dankfest auf Grund der Mitteilungen Caesars an.

Unter dem Konsulat des Lucius Domitius und Appius Claudius befahl Caesar, als er sich wie in jedem Jahr aus dem Winterlager nach Italien begab, den Legaten, die Legionsführer waren, sie sollten im Winter möglichst viele Schiffe bauen und die alten ausbessern lassen. Art und Gestalt dieser Schiffe ordnete er selbst an. Um sie schnell laden und aufs Land ziehen zu können, ließ er sie etwas niedriger als die auf unserem Meere üblichen anfertigen, und zwar um so mehr, weil er die Erfahrung gemacht hatte, daß die Wellen dort wegen des häufigen Gezeitenwechsels nicht so gewaltig sind. Auch machte er sie etwas breiter als die, die wir auf den übrigen Meeren gebrauchen,

ea, quae sunt usui ad armandas naves, ex Hispania appor-
tari iubet. Ipse conventibus Galliae citerioris peractis in
Illyricum proficiscitur, quod a Pirustis finitimam partem
provinciae incursionibus vastari audiebat. eo cum venisset,
civitatibus milites imperat certumque in locum convenire
iubet. qua re nuntiata Pirustae legatos ad eum mittunt,
qui doceant nihil earum rerum publico factum consilio,
seseque paratos esse demonstrant omnibus rationibus de
iniuriis satisfacere. accepta oratione eorum Caesar obsides
imperat eosque ad certam diem adduci iubet; nisi ita fece-
rint, sese bello civitatem persecuturum demonstrat. his ad
diem adductis, ut imperaverat, arbitros inter civitates dat,
qui litem aestiment poenamque constituant.

His confectis rebus conventibusque peractis in citeriorem
Galliam revertitur atque inde ad exercitum proficiscitur. eo
cum venisset, circumitis omnibus hibernis singulari militum
studio in summa omnium rerum inopia circiter sescentas
eius generis, cuius supra demonstravimus, naves et longas
duodetriginta invenit instructas neque multum abesse ab
eo, quin paucis diebus deduci possint. collaudatis militibus
atque iis, qui negotio praefuerant, quid fieri velit, ostendit
atque omnes ad portum Itium convenire iubet, quo ex
portu commodissimum in Britanniam traiectum esse cogno-

damit sie große Lasten und eine Menge Zugvieh aufnehmen könnten. Er ließ sie alle als Schnellsegler bauen, wofür die geringe Höhe sehr förderlich ist. Die Ausrüstung der Schiffe ließ er aus Hispanien herbeischaffen. Er selbst zog nach Durchführung der Gerichtstage in Gallia Cisalpina nach Illyricum, weil er hörte, daß die Pirusten das Grenzgebiet der Provinz durch Einfälle verwüsteten. Als er dorthin gekommen war, befahl er den Stämmen, Soldaten zu stellen und an einem bestimmten Platze zusammenzukommen. Auf diese Nachricht hin schickten die Pirusten Boten, um ihn zu unterrichten, daß die erwähnten Ereignisse nicht auf Beschluß des Volkes zurückgingen, und zeigten sich bereit, für diese Untaten in jeder Weise Genugtuung zu leisten. Caesar hörte ihre Rede an, gebot ihnen, Geiseln zu stellen, und befahl, diese bis zu einem bestimmten Tage auszuliefern; sonst werde er den Krieg gegen das Volk eröffnen. Die Geiseln wurden seinem Befehl gemäß am festgesetzten Tage übergeben. Dann setzte Caesar Schiedsrichter bei den einzelnen Stämmen ein, um die Streitgegenstände einzuschätzen und die Bußen festzulegen.

Nach Erledigung dieser Angelegenheiten und Durchführung der Gerichtstage kehrte er ins diesseitige Gallien zurück und machte sich von da zu seinem Heere auf. Dort angekommen, suchte er alle Winterlager auf. Da fand er infolge einzigartigen Eifers der Soldaten trotz größten Mangels an Mitteln etwa sechshundert Schiffe der oben geschilderten Art und achtundzwanzig Kriegsschiffe ausgerüstet vor; es fehlten nur noch wenige Tage, bis man sie ins Meer ziehen konnte. Er lobte die Soldaten und die Aufseher der Arbeiten, legte ihnen dar, welche Leistungen

verat [circiter milium passuum triginta transmissum a con-
tinenti]. huic rei quod satis esse visum est militum, relinquit,
ipse cum legionibus expeditis quattuor et equitibus octin-
gentis in fines Treverorum proficiscitur, quod hi neque ad
concilia veniebant neque imperio parebant Germanosque
Transrhenanos sollicitare dicebantur.

Haec civitas longe plurimum totius Galliae equitatu valet
magnasque habet copias peditum Rhenumque, ut supra
demonstravimus, tangit. in ea civitate duo de principatu
inter se contendebant, Indutiomarus et Cingetorix. ex quibus alter, simulatque de Caesaris legionumque adventu
cognitum est, ad eum venit, se suosque omnes in officio
futuros neque ab amicitia populi Romani defecturos con-
firmavit, quaeque in Treveris gererentur, ostendit. at Indutiomarus equitatum peditatumque cogere iisque, qui per
aetatem in armis esse non poterant, in silvam Arduennam
abditis, quae ingenti magnitudine per medios fines Treverorum a flumine Rheno ad initium Remorum pertinet,
bellum parare instituit. sed posteaquam nonnulli principes
ex ea civitate, et auctoritate Cingetorigis adducti et adventu
nostri exercitus perterriti, ad Caesarem venerunt et de suis
privatim rebus ab eo petere coeperunt, quoniam civitati
consulere non possent, Indutiomarus veritus, ne ab omnibus desereretur, legatos ad Caesarem mittit: sese idcirco
ab suis discedere atque ad eum venire noluisse, quo facilius
civitatem in officio contineret, ne omnis nobilitatis discessu
plebs propter imprudentiam laberetur; itaque civitatem in

er von ihnen erwarte, und befahl allen, sich in Portus Itius zu sammeln, einem Hafen, von dem aus die Überfahrt nach Britannien, wie er festgestellt hatte, am bequemsten ist [etwa dreißig Meilen vom Festland aus]. Für die Vorbereitungen ließ er Truppen in der ihm ausreichend erscheinenden Stärke zurück; er selbst zog mit vier leichtgerüsteten Legionen und achthundert Reitern ins Gebiet der Treverer, weil diese weder zu den Versammlungen kamen noch seinem Gebot gehorchten; auch hieß es, daß sie die Germanen jenseits des Rheins aufwiegelten.

Dieser Stamm besitzt die weitaus stärkste Reiterei ganz Galliens und ein mächtiges Fußvolk; er grenzt, wie schon erwähnt, an den Rhein. Zwei Männer stritten in ihm um den ersten Platz: Indutiomarus und Cingetorix. Dieser kam zu Caesar, sobald er von seiner und der Legionen Ankunft hörte, versicherte, daß er und alle seine Leute ihm ergeben und dem römischen Volke nicht untreu sein würden, und legte dar, was bei den Treverern vor sich gehe. Aber Indutiomarus entschloß sich, Reiterei und Fußvolk zu sammeln; er versteckte alle, die ihres Alters wegen zum Waffendienst untauglich waren, in den Ardennen, die sich in gewaltiger Ausdehnung mitten durch das Trevererland vom Rhein bis zum Anfang des Gebietes der Remer erstrecken, und begann zum Kriege zu rüsten. Aber da kamen einige Fürsten dieses Stammes, durch das Ansehen des Cingetorix veranlaßt und sehr erschreckt durch die Ankunft unseres Heeres, zu Caesar und begannen, ihm Bitten über ihre persönlichen Anliegen auszusprechen, da sie für den ganzen Stamm nicht sorgen könnten. Hierauf befürchtete Indutiomarus, von allen verlassen zu werden, und schickte Boten zu Caesar; er habe sich nicht entschlossen, seine Leute zu

sua potestate esse, seque, si Caesar permitteret, ad eum in castra venturum et suas civitatisque fortunas eius fidei permissurum.

Caesar, etsi intellegebat, qua de causa ea dicerentur quaeque eum res ab instituto consilio deterreret, tamen, ne aestatem in Treveris consumere cogeretur omnibus rebus ad Britannicum bellum comparatis, Indutiomarum ad se cum ducentis obsidibus venire iussit. his adductis, in iis filio propinquisque eius omnibus, quos nominatim evocaverat, consolatus Indutiomarum hortatusque est, uti in officio maneret; nihilo tamen setius principibus Treverorum ad se convocatis hos singillatim Cingetorigi conciliavit, quod cum merito eius ab se fieri intellegebat, tum magni interesse arbitrabatur eius auctoritatem inter suos quam plurimum valere, cuius tam egregiam in se voluntatem perspexisset. id factum graviter tulit Indutiomarus, suam gratiam inter suos minui, et qui iam ante inimico in nos animo fuisset, multo gravius hoc dolore exarsit.

His rebus constitutis Caesar ad Portum Itium cum legionibus pervenit. ibi cognoscit sexaginta naves, quae in Meldis factae erant, tempestate reiectas cursum tenere non potuisse atque eodem, unde erant profectae, revertisse. reliquas paratas ad navigandum atque omnibus rebus instructas invenit. eodem equitatus totius Galliae convenit numero milia quattuor principesque ex omnibus civitatibus. ex

verlassen und zu ihm zu kommen, um den Stamm leichter
in Gehorsam zu erhalten, denn das Volk solle nicht nach
dem Weggang des ganzen Adels durch Unvorsichtigkeit
zu Schaden kommen. Deshalb befinde sich der Stamm in
seiner Hand; er werde, wenn Caesar es gestatte, zu ihm
ins Lager kommen und sein und seines Stammes Schicksal
Caesars Schutz anvertrauen.

Caesar merkte wohl, warum er dies sagte und seinen
Plan nicht auszuführen wagte. Aber um nicht den Sommer
bei den Treverern verbringen zu müssen, wo doch alles
zum Kampf in Britannien gerüstet war, ließ er den Indutiomarus mit zweihundert Geiseln zu sich kommen.
Diese wurden übergeben, darunter der Sohn und alle Verwandten des Indutiomarus, die er mit Namen aufgerufen
hatte. Dann tröstete Caesar ihn und forderte ihn auf, treu
zu bleiben. Gleichwohl aber rief er die Trevererfürsten zu
sich und gewann sie einzeln für Cingetorix, denn er sah,
daß er diesen damit nach Verdienst behandle; besonders
aber hielt er es für sehr wichtig, daß das Ansehen eines
Mannes, dessen ehrliche Ergebenheit er erkannt hatte, bei
seinem Volke möglichst groß sei. Den Indutiomarus kränkte
es, daß seine Beliebtheit bei seinen Stammesgenossen sich
minderte. Schon vorher war er unser Feind gewesen; dieser
Kummer entflammte seinen Zorn noch weit mehr.

Nach Ordnung dieser Dinge gelangte Caesar mit seinen
Legionen nach Portus Itius. Dort erfuhr er, daß sechzig
bei dem Stamm der Melder gebaute Schiffe, vom Sturm
verschlagen, ihren Kurs nicht hätten halten können und
an ihren Ausgangspunkt zurückgekehrt seien. Die übrigen
fand er fahrtbereit und völlig ausgerüstet vor. Ebendort
kam die Reiterei ganz Galliens, viertausend Mann, zu-

quibus perpaucos, quorum in se fidem perspexerat, relinquere in Gallia, reliquos obsidum loco secum ducere decreverat, quod, cum ipse abesset, motum Galliae verebatur.

Erat una cum ceteris Dumnorix Haeduus, de quo ante a nobis dictum est. hunc secum habere in primis constituerat, quod eum cupidum rerum novarum, cupidum imperii, magni animi, magnae inter Gallos auctoritatis cognoverat. accedebat huc, quod in concilio Haeduorum Dumnorix dixerat sibi a Caesare regnum civitatis deferri; quod dictum Haedui graviter ferebant neque recusandi aut deprecandi causa legatos ad Caesarem mittere audebant. id factum ex suis hospitibus Caesar cognoverat. ille omnibus primo precibus petere contendit, ut in Gallia relinqueretur, partim, quod insuetus navigandi mare timeret, partim, quod religionibus se diceret impediri. posteaquam id obstinate sibi negari vidit, omni spe impetrandi adempta principes Galliae sollicitare, sevocare singulos hortarique coepit, uti in continenti remanerent; metu territare: non sine causa fieri, ut Gallia omni nobilitate spoliaretur; id esse consilium Caesaris, ut, quos in conspectu Galliae interficere vereretur, hos omnes in Britanniam traductos necaret; fidem reliquis interponere, ius iurandum poscere, ut, quod esse ex usu Galliae intellexissent, communi consilio administrarent. haec a compluribus ad Caesarem deferebantur.

sammen und Häuptlinge aus allen Stämmen. Er hatte beschlossen, sehr wenige von ihnen, deren Ergebenheit ihm gewiß war, in Gallien zurückzulassen, und die übrigen als Geiseln mitzunehmen, weil er in seiner Abwesenheit eine Empörung Galliens befürchtete.

In dieser Schar befand sich auch der schon früher erwähnte Häduer Dumnorix. Ihn vor allem hatte er beschlossen bei sich zu behalten, weil er wußte, daß er zum Aufstand neige, herrschsüchtig, großzügig und hochangesehen unter den Galliern sei. Außerdem hatte Dumnorix im Rate der Häduer geäußert, Caesar übertrage ihm die Herrschaft über ihren Stamm. Dies Wort hatte die Häduer beleidigt, und doch wagten sie nicht, Gesandte an Caesar zu schicken, um einen solchen Plan zurückzuweisen oder durch Bitten abzuwenden. Caesar wußte dies von seinen dortigen Freunden. Dumnorix versuchte zunächst durch Bitten aller Art zu erreichen, daß er in Gallien bleiben dürfe, teils weil er, mit der Seefahrt unvertraut, das Meer fürchte, teils weil ihn, wie er behauptete, religiöse Verpflichtung hindere. Als er sah, daß man ihm dies beharrlich verweigerte, und er jegliche Hoffnung, es zu erreichen, verloren hatte, begann er die Häuptlinge Galliens aufzuwiegeln und einzeln zu sich zu rufen und aufzufordern, auf dem Festland zu bleiben. Er versuchte auch, ihre Furcht zu erregen mit der Behauptung, Gallien werde nicht ohne Grund seines gesamten Adels beraubt; Caesar wolle alle, die er vor den Augen der Gallier nicht umzubringen wage, nach Britannien führen und dort töten. Die übrigen verpflichtete er sich und forderte ihnen den Eid ab, nach gemeinsamem Beschluß durchzuführen, was nach ihrer Erkenntnis für Gallien nützlich sei. Dies hinterbrachten verschiedene von ihnen Caesar.

Qua re cognita Caesar, quod tantum civitati Haeduae
dignitatis tribuebat, coercendum atque deterrendum, quibuscumque rebus posset, Dumnorigem statuebat, et quod
longius eius amentiam progredi videbat, prospiciendum,
nequid sibi ac rei publicae nocere posset. itaque dies circiter
viginti quinque in eo loco commoratus, quod corus ventus
navigationem impediebat, qui magnam partem omnis temporis in his locis flare consuevit, dabat operam, uti in
officio Dumnorigem contineret, nihilo tamen setius omnia
eius consilia cognosceret. tandem nactus idoneam tempestatem milites equitesque conscendere naves iubet. at omnium impeditis animis Dumnorix cum equitibus Haeduorum a castris insciente Caesare domum discedere coepit.
qua re nuntiata Caesar intermissa profectione atque omnibus rebus postpositis magnam partem equitatus ad eum
insequendum mittit retrahique imperat; si vim faciat neque
pareat, interfici iubet, nihil eum se absente pro sano fac-
turum arbitratus, qui praesentis imperium neglexisset. ille
autem revocatus resistere ac se manu defendere suorumque
fidem implorare coepit, saepe clamitans liberum se libe-
raeque esse civitatis. illi, ut erat imperatum, circumsistunt
hominem atque interficiunt. at equites Haedui ad Caesarem
omnes revertuntur.

His rebus gestis, Labieno in continenti cum tribus legionibus et equitum milibus duobus relicto, ut portus

Da beschloß dieser, weil er dem Stamm der Häduer eine
so ehrenvolle Stellung einräumte, mit allen nur erdenklichen
Mitteln Dumnorix niederzuhalten und abzuschrecken, und
weil er sah, daß dessen Raserei allzu große Fortschritte
machte, Fürsorge zu treffen, daß er ihm und dem römischen
Staate nicht schaden könne. Während er dort etwa fünf-
undzwanzig Tage verweilte, weil der Nordwestwind, der
in dieser Gegend gewöhnlich einen großen Teil des Jahres
weht, die Schiffahrt hinderte, bemühte er sich deshalb,
Dumnorix bei Gehorsam zu erhalten, aber gleichwohl alle
seine Pläne zu erkunden. Als endlich günstiges Wetter ein-
trat, ließ er Fußvolk und Reiter die Schiffe besteigen. Während aber alle beschäftigt waren, machte sich Dumnorix
mit den Reitern der Häduer ohne Wissen Caesars vom
Lager aus in die Heimat auf. Auf diese Kunde unterbrach
Caesar die Einschiffung, stellte alles andere zurück, sandte
einen großen Teil der Reiterei zu seiner Verfolgung aus
und gab den Befehl, ihn mit Gewalt zurückzubringen. Wolle
er Gewalt brauchen und nicht gehorchen, so sollten sie
ihn umbringen; denn er meinte, wo Dumnorix sich in
seinem Beisein nicht an seinen Befehl gekehrt habe, werde
er auch während seiner Abwesenheit keine Vernunft annehmen. Als man nun Dumnorix zurückrief, begann dieser
Widerstand zu leisten, sich tätlich zu verteidigen und seine
Leute bei ihrem Treueid anzuflehen, wobei er oft und ver-
nehmlich ausrief, er sei ein freier Mann und Angehöriger
eines freien Stammes. Da umstellten ihn die Verfolger, wie
befohlen, und brachten ihn um. Aber die Reiter der Häduer
kehrten alle zu Caesar zurück.

Hierauf ließ dieser Labienus mit drei Legionen und zweitausend Reitern auf dem Festland zurück, um die Häfen

tueretur et rei frumentariae provideret quaeque in Gallia gererentur, cognosceret consiliumque pro tempore et pro re caperet, ipse cum quinque legionibus et pari numero equitum, quem in continenti relinquebat, solis occasu naves solvit et leni Africo provectus, media circiter nocte vento intermisso, cursum non tenuit et longius delatus aestu orta luce sub sinistra Britanniam relictam conspexit. tum rursus aestus commutationem secutus remis contendit, ut eam partem insulae caperet, qua optimum esse egressum superiore aestate cognoverat. qua in re admodum fuit militum virtus laudanda, qui vectoriis gravibusque navigiis non intermisso remigandi labore longarum navium cursum adaequaverunt. accessum est ad Britanniam omnibus navibus meridiano fere tempore, neque in eo loco hostis est visus. sed, ut postea Caesar ex captivis cognovit, cum magnae manus eo convenissent, multitudine navium perterritae, quae cum annotinis privatisque, quas sui quisque commodi fecerat, amplius octingentae uno erant visae tempore, ab litore discesserant ac se in superiora loca abdiderant.

Caesar exposito exercitu et loco castris idoneo capto, ubi ex captivis cognovit, quo in loco hostium copiae consedissent, cohortibus decem ad mare relictis et equitibus trecentis, qui praesidio navibus essent, de tertia vigilia ad hostes contendit, eo minus veritus navibus, quod in litore

zu schützen, für die Verpflegung zu sorgen, die Vorgänge
in Gallien zu erkunden und die der Zeit und der Lage ent-
sprechenden Entscheidungen zu treffen. Er selbst lichtete
bei Sonnenuntergang mit fünf Legionen und derselben Anzahl Reiter, wie er sie auf dem Festland zurückließ, die
Anker und fuhr bei leichtem Südwind ab. Er hielt aber den
Kurs nicht, da der Wind etwa um Mitternacht aufhörte,
wurde von der Strömung ziemlich weit abgetrieben und erblickte bei Sonnenaufgang Britannien hinter sich zur Linken.
Dann folgte er einem neuen Wechsel der Strömung und
ließ angestrengt rudern, um den Teil der Insel zu erreichen,
wo nach seiner Erkenntnis vom vorhergegangenen Sommer die beste Landung möglich war. Hierbei war die
Tüchtigkeit der Soldaten besonders lobenswert, denn in
ununterbrochener Ruderarbeit erreichten sie auf ihren
Transport- und Lastfahrzeugen die Geschwindigkeit von
Kriegsschiffen. Man landete in Britannien mit sämtlichen
Schiffen etwa um Mittag; es war daselbst kein Feind zu
sehen. Aber, wie Caesar später von Gefangenen erfuhr,
waren ursprünglich viele Truppen dort zusammengekommen. Sie waren jedoch über die Anzahl der Schiffe er-
schrocken, die sich mit den vorjährigen und den privaten,
die ihre Besitzer sich der eigenen Bequemlichkeit wegen
beschafft hatten, in einer Zahl von mehr als achthundert
gleichzeitig zeigten. Darum hatten sie die Küste verlassen
und sich in höher gelegenen Gegenden versteckt.

Caesar ließ das Heer landen und einen geeigneten Lager-
platz besetzen. Als er von Gefangenen erfuhr, wo die
feindlichen Truppen haltgemacht hatten, ließ er zehn Kohorten und dreihundert Reiter zum Schutz der Schiffe am
Meere zurück und eilte noch in der dritten Nachtwache

molli atque aperto deligatas ad ancoras relinquebat. ei praesidio navibusque Quintum Atrium praefecit. ipse noctu progressus milia passuum circiter duodecim hostium copias con-
spicatus est. illi equitatu atque essedis ad flumen progressi
ex loco superiore nostros prohibere et proelium committere coeperunt. repulsi ab equitatu se in silvas abdiderunt,
locum nacti egregie et natura et opere munitum, quem
domestici belli causa, ut videbatur, iam ante praeparaverant;
nam crebris arboribus succisis omnes introitus erant prae-
clusi. ipsi ex silvis rari propugnabant nostrosque intra munitiones ingredi prohibebant. at milites legionis septimae testudine facta et aggere ad munitiones adiecto locum cepe-
runt eosque ex silvis expulerunt paucis vulneribus acceptis.
sed eos fugientes longius Caesar prosequi vetuit, et quod
loci naturam ignorabat, et quod magna parte diei con-
sumpta munitioni castrorum tempus relinqui volebat.

Postridie eius diei mane tripertito milites equitesque in
expeditionem misit, ut eos, qui fugerant, persequerentur.
his aliquantum itineris progressis, cum iam extremi essent
in prospectu, equites a Quinto Atrio ad Caesarem venerunt,
qui nuntiarent superiore nocte maxima coorta tempestate
prope omnes naves afflictas atque in litus eiectas esse,
quod neque ancorae funesque subsisterent neque nautae

dem Feinde entgegen, ohne Sorge um die Schiffe, weil er sie an sanft abfallendem und offenem Gestade verankert zurückgelassen hatte. Zum Befehlshaber dieser Wache und der Schiffe machte er den Quintus Atrius. Er selbst rückte während der Nacht etwa zwölf Meilen vor und sichtete dann die Feinde. Diese waren mit Reiterei und Streitwagen an einen Fluß vorgerückt und fingen von erhöhtem Platze aus an, unsere Leute zu stören und einen Kampf zu beginnen. Von unserer Reiterei geworfen, verbargen sie sich in den Wäldern. Dort hatten sie einen von Natur und Menschenhand hervorragend befestigten Platz gewonnen, den sie ihrer heimischen Kämpfe wegen anscheinend schon früher vorbereitet hatten, denn alle Zugänge waren durch zahlreiche gefällte Bäume verrammelt. Sie selbst stießen vereinzelt aus den Wäldern vor und versuchten unsere Leute am Eindringen in die Befestigungen zu hindern. Aber die Soldaten der siebenten Legion formierten ein Dach aus Schilden, führten einen Damm gegen die Befestigungen auf, eroberten den Platz und vertrieben den Gegner aus den Wäldern. Sie selbst hatten dabei nur wenige Verwundete. Caesar verbot aber, die Flüchtigen noch weiter zu verfolgen, einmal, weil er die Gegend nicht kannte, dann, weil schon ein großer Teil des Tages verstrichen war und er noch Zeit zur Lagerbefestigung erübrigen wollte.

Am folgenden Tage morgens schickte er Fußvolk und Reiter in drei Gruppen auf eine Unternehmung aus, um die Flüchtlinge zu verfolgen. Als diese schon beträchtlich vormarschiert und nur die Letzten noch sichtbar waren, kamen Reiter von Quintus Atrius zu Caesar mit der Meldung, daß in der vergangenen Nacht bei einem gewaltigen Sturm fast alle Schiffe beschädigt und ans Ufer geworfen

gubernatoresque vim tempestatis pati possent; itaque ex
eo concursu navium magnum esse incommodum acceptum.

His rebus cognitis legiones equitatumque revocari atque
in itinere resistere iubet, ipse ad naves revertitur; eadem fere,
quae ex nuntiis litterisque cognoverat, coram perspicit, sic
ut amissis circiter quadraginta navibus reliquae tamen re-
fici posse magno negotio viderentur. itaque ex legionibus
fabros deligit et ex continenti alios arcessi iubet; Labieno
scribit, ut, quam plurimas possit, iis legionibus, quae sint
apud eum, naves instituat. ipse, etsi res erat multae operae
ac laboris, tamen commodissimum esse statuit omnes naves
subduci et cum castris una munitione coniungi. in his rebus
circiter dies decem consumit, ne nocturnis quidem temporibus ad laborem militum intermissis. subductis navibus castrisque egregie munitis easdem copias, quas ante, praesidio
navibus relinquit, ipse eodem, unde redierat, proficiscitur.
eo cum venisset, maiores iam undique in eum locum copiae
Britannorum convenerant summa imperii bellique administrandi communi consilio permissa Cassivellauno [cuius
fines a maritimis civitatibus flumen dividit, quod appellatur
Tamesis, a mari circiter milia passuum octoginta], huic superiore tempore cum reliquis civitatibus continentia bella
intercesserant. sed nostro adventu permoti Britanni hunc
toti bello imperioque praefecerant.

seien, weil weder Taue und Anker standgehalten noch Matrosen und Steuermänner die Gewalt des Sturmes hätten ertragen können. Daher habe dieser Schiffszusammenstoß zu großem Schaden geführt.

Auf diese Kunde ließ Caesar Legionen und Reiterei zurückrufen und den Vormarsch hemmen. Er selbst kehrte zu den Schiffen zurück und mußte ungefähr dasselbe, was er durch mündliche und schriftliche Botschaft erfahren hatte, mit eigenen Augen sehen, freilich so, daß nach Verlust von etwa vierzig Schiffen die übrigen, wie es schien, mit großer Mühe wieder hergerichtet werden konnten. Deshalb sonderte er aus den Legionen die Pioniere aus und ließ andere vom Festland herbeiholen; dem Labienus schrieb er, er solle mit Hilfe der bei ihm befindlichen Legionen möglichst viele Schiffe instandsetzen. Er selbst hielt es für das Vorteilhafteste, wenn es auch mit viel Mühe und Arbeit verbunden war, alle Schiffe aufs Land zu ziehen und mit dem Lager durch eine Gesamtbefestigung zu verbinden. Hierauf verwandte er etwa zehn Tage, wobei er die Arbeit der Soldaten auch nachts nicht unterbrechen ließ. Als die Schiffe aufs Land gezogen und das Lager hervorragend befestigt war, ließ er dieselben Truppen wie vorher als Schiffswache zurück und zog selbst wieder dahin, von wo er zurückgekehrt war. Als er dort ankam, war schon daselbst von allen Seiten ein beträchtliches britannisches Heer zusammengekommen. Oberbefehl und Kriegsleitung hatte man auf gemeinsamen Beschluß dem Cassivellaunus anvertraut [dessen Gebiet ein vom Meere etwa achtzig Meilen entfernter Fluß namens Themse von den Küstenstämmen trennt]. Er hatte in früherer Zeit mit den übrigen Stämmen andauernd Kriege geführt. Aber auf unsere An-

[Britanniae pars interior ab iis incolitur, quos natos in insula ipsi memoria proditum dicunt, maritima pars ab iis, qui praedae ac belli inferendi causa ex Belgio transierunt – qui omnes fere iis nominibus civitatum appellantur, quibus orti ex civitatibus eo pervenerunt – et bello illato ibi remanserunt atque agros colere coeperunt. hominum est infinita multitudo creberrimaque aedificia fere Gallicis consimilia, pecoris magnus numerus. utuntur aut aere aut nummo aureo aut taleis ferreis ad certum pondus examinatis pro nummo. nascitur ibi plumbum album in mediterraneis regionibus, in maritimis ferrum, sed eius exigua est copia; aere utuntur importato. materia cuiusque generis, ut in Gallia, est praeter fagum atque abietem. leporem et gallinam et anserem gustare fas non putant; haec tamen alunt animi voluptatisque causa. loca sunt temperatiora quam in Gallia, remissioribus frigoribus.

Insula natura triquetra, cuius unum latus est contra Galliam. huius lateris alter angulus, qui est ad Cantium, quo fere omnes ex Gallia naves appelluntur, ad orientem solem, inferior ad meridiem spectat. hoc pertinet circiter milia passuum quingenta. alterum vergit ad Hispaniam atque occidentem solem. qua ex parte est Hibernia insula, dimidio minor, ut existimatur, quam Britannia, sed pari spatio transmissus, atque ex Gallia est in Britanniam. in hoc medio cursu est insula, quae appellatur Mona; complures praeterea minores obiectae insulae existimantur; de quibus

kunft hin hatten ihn die Britannier mit der Leitung des
ganzen Krieges und dem Oberbefehl betraut.

[Das Innere von Britannien bewohnen diejenigen, die sich
nach der Überlieferung selbst als Ureinwohner bezeichnen,
die Küsten diejenigen, die aus Beutegier und Kriegslust
von Belgien herübergekommen und nach dem Kriege da-
geblieben sind und mit dem Ackerbau begonnen haben;
sie führen fast alle die Namen der Stämme, von denen sie
abstammen und von denen aus sie dorthin gelangt sind.
Ihre Menschenzahl ist unbegrenzt, und sehr zahlreich sind
ihre Häuser, die in der Regel den gallischen gleichen. Vieh
ist in großer Menge vorhanden. Sie verwenden entweder
Kupfer oder Goldmünzen oder auch eiserne Barren von
bestimmtem Gewicht statt der Münzen. Im Innern wird
Zinn gefördert, an der Küste Eisen, aber nur wenig. Kupfer
führen sie ein. Holz jeder Art kommt wie in Gallien vor,
außer Buche und Tanne. Hasen, Hühner und Gänse zu
essen sehen sie als eine Entweihung an, aber halten sich
diese Tiere dennoch aus Liebhaberei und Kurzweil. Die
Gegend hat milderes Klima als Gallien, denn die Kälte ist
nicht so hart.

Die Gestalt der Insel ist dreieckig; eine ihrer Seiten liegt
Gallien gegenüber. Ein Winkel dieser Seite, der bei Cantium, wo fast alle Schiffe, die von Gallien kommen, landen,
ist nach Osten, der unterhalb gelegene nach Süden gerichtet. Diese Seite hat eine Ausdehnung von etwa fünfhundert Meilen. Die zweite erstreckt sich nach Hispanien
und dem Westen hin. Hier liegt Hibernien, eine Insel, der
Schätzung nach halb so groß wie Britannien, aber mit der
gleichen Überfahrtslänge, wie sie Britannien von Gallien
aus hat. Mitten auf dieser Strecke liegt eine Insel namens

insulis nonnulli scripserunt dies continuos triginta sub bru-
mam esse noctem. nos nihil de eo percontationibus reperie-
bamus, nisi certis ex aqua mensuris breviores esse quam in
continenti noctes videbamus. huius est longitudo lateris,
ut fert illorum opinio, septingentorum milium. tertium est
contra septentriones; cui parti nulla est obiecta terra, sed
eius angulus lateris maxime ad Germaniam spectat. hoc
milia passuum octingenta in longitudinem esse existimatur.
ita omnis insula est in circuitu viciens centum milium passuum.

Ex his omnibus longe sunt humanissimi, qui Cantium
incolunt, quae regio est maritima omnis, neque multum a
Gallica differunt consuetudine. interiores plerique frumenta
non serunt, sed lacte et carne vivunt pellibusque sunt ve-
stiti. omnes vero se Britanni vitro inficiunt, quod caeru-
leum efficit colorem, atque hoc horribiliores sunt in pugna
aspectu; capilloque sunt promisso atque omni parte corporis rasa praeter caput et labrum superius. uxores habent
deni duodenique inter se communes et maxime fratres cum
fratribus parentesque cum liberis. sed, qui sunt ex iis nati,
eorum habentur liberi, quo primum virgo quaeque deducta
est.]
Equites hostium essedariique acriter proelio cum equitatu nostro in itinere conflixerunt, ita tamen, ut nostri
omnibus partibus superiores fuerint atque eos in silvas col-
lesque compulerint. sed compluribus interfectis cupidius
insecuti nonnullos ex suis amiserunt. at illi intermisso
spatio, imprudentibus nostris atque occupatis in munitione

Mona, außerdem sollen noch mehrere kleinere Inseln vorgelagert sein. Von ihnen erzählen einige Schriftsteller, dort
herrsche zur Zeit der Wintersonnenwende dreißig Tage
ununterbrochene Nacht. Wir haben durch Nachforschung
hierüber nichts erkundet; nur zeigten uns bestimmte Mes-
sungen mit Hilfe der Wasseruhr, daß die Nächte dort
kürzer sind als auf dem Festlande. Die Länge dieser Seite
beträgt nach der Meinung unserer Gewährsmänner sieben-
hundert Meilen. Die dritte liegt nach Norden. Ihr ist kein
Land vorgelagert; ihr Winkel aber ist vor allem nach Germanien gerichtet. Sie soll achthundert Meilen lang sein.
So hat die ganze Insel einen Umfang von zweitausend
Meilen.

Von allen Einwohnern sind die von Cantium am gebildet-
sten. Diese Gegend liegt ganz am Meere, und ihre Sitten
unterscheiden sich nur wenig von denen Galliens. Die Einwohner des Binnenlandes bauen meist kein Getreide, sondern leben von Milch und Fleisch und kleiden sich in
Felle. Aber alle Britannier färben sich mit Waid blau und
sind dadurch im Kampf noch schrecklicher anzusehen; ihr
Haupthaar lassen sie lang wachsen, rasieren aber den ganzen
Körper außer Kopf und Oberlippe. Ihrer zehn und zwölf
haben gemeinsame Frauen, und zwar meist Brüder mit Brüdern und Väter mit Söhnen. Aber die Kinder gehören dem,
der zuerst die Frau als Mädchen heimgeführt hat.]

Die Reiter der Feinde und ihre Wagenkämpfer stießen
mit unserer Reiterei auf dem Marsche in heftigem Kampfe
zusammen, jedoch so, daß unsere Leute überall die Ober-
hand behielten und sie in die Wälder und auf die Hügel
jagten. Aber als sie eine Anzahl erschlagen hatten, nahmen
sie die Verfolgung allzu hitzig auf und verloren einige der

castrorum, subito se ex silvis eiecerunt impetuque in eos
facto, qui erant in statione pro castris collocati, acriter
pugnaverunt, duabusque missis subsidio cohortibus a Caesare, atque his primis legionum duarum, cum eae per-
exiguo intermisso loci spatio inter se constitissent, novo
genere pugnae perterritis nostris per medios audacissime
perruperunt seque inde incolumes receperunt. eo die Quintus Laberius Durus tribunus militum interficitur. illi pluribus submissis cohortibus repelluntur.

Toto hoc in genere pugnae, cum sub oculis omnium ac
pro castris dimicaretur, intellectum est nostros propter
gravitatem armorum, quod neque insequi cedentes possent
neque ab signis discedere auderent, minus aptos esse ad
huius generis hostem, equites autem magno cum periculo
proelio dimicare, propterea quod illi etiam consulto plerumque cederent et, cum paulum ab legionibus nostros re-
movissent, ex essedis desilirent et pedibus dispari proelio
contenderent. equestris autem proelii ratio et cedentibus
et insequentibus par atque idem periculum inferebat. accedebat huc, ut numquam conferti, sed rari magnisque
intervallis proeliarentur stationesque dispositas haberent
atque alios alii deinceps exciperent integrique et recentes
defatigatis succederent.

Ihrigen. Die Gegner jedoch ließen eine gewisse Zeit verstreichen, und als dann unsere Leute sich dessen nicht versahen und mit der Befestigung ihres Lagers beschäftigt waren, stürzten sie plötzlich aus den Wäldern hervor, griffen die vor dem Lager aufgestellten Posten an und kämpften ingrimmig. Da schickte Caesar zwei Kohorten zu Hilfe, und zwar die ersten zweier Legionen. Obwohl diese sich in nur ganz geringen Zwischenräumen voneinander aufgestellt hatten, brachen die Feinde, da die neue Kampfesart unsere Leute sehr erschreckte, mit großer Kühnheit mitten durch sie hindurch und zogen sich unversehrt von dort zurück. An diesem Tage fiel der Kriegstribun Quintus Laberius Durus. Als noch mehr Kohorten entsandt waren, wurden die Feinde vertrieben.

Da der Kampf vor aller Augen und vor dem Lager stattfand, so ergab sich bei dieser Art der ganzen Schlacht, daß unsere Leute sich wegen ihrer schweren Waffen einem solchen Feinde schlecht anpassen konnten, weil sie ihm weder zu folgen vermochten, wenn er wich, noch ihre Feldzeichen zu verlassen wagten; ferner, daß unsere Reiter nur unter großer Gefahr kämpften. Denn die Gegner zogen sich meistens sogar absichtlich zurück, und wenn sie unsere Leute ein wenig von den Legionen weggelockt hatten, so sprangen sie von den Wagen und kämpften in ungleichem Gefecht zu Fuß. Diese Art der Reiterschlacht brachte beim Fliehen wie beim Verfolgen genau dieselbe Gefahr. Außerdem kämpften sie niemals in geschlossenen Haufen, sondern vereinzelt und in großen Abständen, hatten Plätze nach fester Ordnung und lösten einander der Reihe nach ab, wobei an die Stelle der Ermüdeten Kräftige und Frische traten.

Postero die procul a castris hostes in collibus constiterunt rarique se ostendere et lenius quam pridie nostros
equites proelio lacessere coeperunt. sed meridie, cum Caesar pabulandi causa tres legiones atque omnem equitatum
cum Gaio Trebonio legato misisset, repente ex omnibus
partibus ad pabulatores advolaverunt, sic uti ab signis
legionibusque non absisterent. nostri acriter in eos impetu
facto reppulerunt neque finem sequendi fecerunt, quoad
subsidio confisi equites, cum post se legiones viderent,
praecipites hostes egerunt magnoque eorum numero inter-
fecto neque sui colligendi neque consistendi aut ex essedis
desiliendi facultatem dederunt. ex hac fuga protinus, quae
undique convenerant, auxilia discesserunt, neque post id
tempus umquam summis nobiscum copiis hostes conten-
derunt.

Caesar cognito consilio eorum ad flumen Tamesim in
fines Cassivellauni exercitum duxit; quod flumen uno omnino loco pedibus, atque hoc aegre, transiri potest. eo cum
venisset, animum advertit ad alteram fluminis ripam magnas
esse copias hostium instructas. ripa autem erat acutis sudi-
bus praefixisque munita, eiusdemque generis sub aqua de-
fixae sudes flumine tegebantur. his rebus cognitis a per-
fugis captivisque Caesar praemisso equitatu confestim legiones subsequi iussit. sed ea celeritate atque eo impetu
milites ierunt, cum capite solo ex aqua extarent, ut hostes
impetum legionum atque equitum sustinere non possent
ripasque dimitterent ac se fugae mandarent.

Am folgenden Tage stellten sich die Feinde fern vom Lager auf Hügeln auf und begannen sich nur vereinzelt zu zeigen und weniger heftig als am Tage vorher unsere Reiter zum Gefecht zu reizen. Aber mittags, als Caesar drei Legionen und die ganze Reiterei mit dem Legaten Gajus Trebonius ausgesandt hatte, um Futter zu holen, stürmten sie plötzlich von allen Seiten auf die Futterholer los und wollten von den Feldzeichen und Legionen gar nicht ablassen. Unsere Leute griffen sie heftig an, schlugen sie zurück und verfolgten sie unablässig; endlich trieben die Reiter, im Vertrauen auf Hilfe, da sie hinter sich die Legionen sahen, die Feinde in überstürzte Flucht. Sie töteten sie in großer Zahl und ließen sie weder sich sammeln noch festen Fuß fassen noch von den Wagen springen. Nach dieser Flucht zerstreuten sich sofort die von allen Seiten herbeigeströmten Hilfsvölker, und seitdem kämpften die Feinde niemals mehr mit ganzer Streitmacht gegen uns.

Caesar durchschaute ihren Plan und führte sein Heer an die Themse in das Gebiet des Cassivellaunus. Der Fluß ist überhaupt nur an einer Stelle zu Fuß zu überschreiten, und zwar mit Mühe. Bei seiner Ankunft bemerkte er, daß viele feindliche Truppen am andern Flußufer aufgestellt seien. Das Ufer aber war mit scharfen, vorn zugespitzten Pfählen befestigt, und unter Wasser eingerammte Pfähle derselben Art bedeckte der Fluß. Als Überläufer und Gefangene Caesar dies mitteilten, schickte er die Reiterei voraus und befahl den Legionen, sofort zu folgen. Aber die Soldaten gingen so rasch und stürmisch vor, obwohl sie nur mit dem Kopf aus dem Wasser ragten, daß die Feinde dem Angriff der Legionen und Reiter nicht standhalten konnten, sondern die Ufer verließen und flohen.

Cassivellaunus, ut supra demonstravimus, omni deposita spe contentionis, dimissis amplioribus copiis, milibus circiter quattuor essedariorum relictis itinera nostra servabat paulumque ex via excedebat locisque impeditis ac silvestribus se occultabat atque iis regionibus, quibus nos iter facturos cognoverat, pecora atque homines ex agris in silvas compellebat et, cum equitatus noster liberius praedandi vastandique causa se in agros effunderet, omnes viis notis semitisque essedarios ex silvis emittebat et magno cum periculo nostrorum equitum cum his confligebat atque hoc metu latius vagari prohibebat. relinquebatur, ut neque longius ab agmine legionum discedi Caesar pateretur et tantum agris vastandis incendiisque faciendis hostibus noceretur, quantum in labore atque itinere legionarii milites efficere poterant.

Interim Trinovantes, prope firmissima earum regionum civitas – ex qua Mandubracius adulescens Caesaris fidem secutus ad eum in continentem venerat, cuius pater Inianuvetitius in ea civitate regnum obtinuerat interfectusque erat a Cassivellauno, ipse fuga mortem vitaverat –, legatos ad Caesarem mittunt pollicenturque sese ei dedituros atque imperata facturos; petunt, ut Mandubracium ab iniuria Cassivellauni defendat atque in civitatem mittat, qui praesit imperiumque obtineat. his Caesar imperat obsides quadraginta frumentumque exercitui Mandubraciumque ad eos mittit. illi imperata celeriter fecerunt, obsides ad numerum frumentumque miserunt.

Wie wir oben dargelegt haben, hatte Cassivellaunus alle Hoffnung auf einen Kampf aufgegeben. Die Mehrzahl seiner Truppen war entlassen und nur etwa viertausend Wagenkämpfer zurückgeblieben. Mit ihnen beobachtete er unsern Marsch, wich ein wenig von der Straße ab, verbarg sich in unzugänglichen Wäldern und trieb in den Gegenden, durch die wir, wie er erfahren hatte, marschieren wollten, Vieh und Menschen vom Felde in die Wälder. Als unsere Reiterei sich allzu ungehemmt der Beute und Plünderung wegen über das Land ergoß, schickte er plötzlich alle Wagenkämpfer auf bekannten Straßen und auf Pfaden aus den Wäldern heraus, führte mit unsern Reitern einen für sie höchst gefährlichen Kampf und hinderte sie durch die Furcht, die er so erregte, sich ausgedehnter zu ergehen. Die Folge war, daß Caesar niemandem erlaubte, sich vom Zuge der Legionen weiter zu entfernen, und den Feinden durch Verwüstung ihrer Äcker und durch Brände nur soweit schadete, wie es die Legionäre bei ihrer Tätigkeit und auf dem Marsche vermochten.

Inzwischen schickten die Trinovanten Gesandte zu Caesar und versprachen, sie würden sich ihm ergeben und seine Befehle ausführen. Sie waren in dieser Gegend beinahe der stärkste Stamm. Mandubracius, einer ihrer jungen Männer, hatte sich in Caesars Schutz begeben und war zu ihm aufs Festland gekommen. Sein Vater Injanuvetitius war einst König dieses Stammes gewesen und von Cassivellaunus getötet worden; er selbst hatte sich dem Tode durch die Flucht entzogen. Jetzt baten die Trinovanten Caesar, er möge Mandubracius vor Cassivellaunus' Ungerechtigkeit beschützen und zu seinem Stamm schicken, um sie zu führen und zu beherrschen. Caesar befahl ihnen, vierzig Geiseln und für das Heer Ge-

Trinovantibus defensis atque ab omni militum iniuria prohibitis Cenimagni, Segontiaci, Ancalites, Bibroci, Cassi legationibus missis sese Caesari dedunt. ab his cognoscit non longe ex eo loco oppidum Cassivellauni abesse silvis paludibusque munitum, quo satis magnus hominum pecorisque numerus convenerit. oppidum autem Britanni vocant, cum silvas impeditas vallo atque fossa munierunt, quo incursionis hostium vitandae causa convenire consuerunt. eo proficiscitur cum legionibus. locum reperit egregie natura atque opere munitum. tamen hunc duabus ex partibus oppugnare contendit. hostes paulisper morati militum nostrorum impetum non tulerunt seseque ex alia parte oppidi eiecerunt. magnus ibi numerus pecoris repertus multique in fuga sunt comprehensi atque interfecti.

Dum haec in his locis geruntur, Cassivellaunus ad Cantium, [quod esse ad mare supra demonstravimus,] quibus regionibus quattuor reges praeerant, Cingetorix, Carvilius, Taximagulus, Segovax, nuntios mittit atque his imperat, uti coactis omnibus copiis castra navalia de improviso adoriantur atque oppugnent. ii cum ad castra venissent, nostri eruptione facta multis eorum interfectis, capto etiam nobili duce Lugotorige suos incolumes reduxerunt. Cassivellaunus hoc proelio nuntiato, tot detrimentis acceptis, vastatis finibus, maxime etiam permotus defectione civitatum,

treide zu stellen. Dann schickte er ihnen Mandubracius zu.
Da führten sie rasch die Befehle aus und übersandten Geiseln
in der angegebenen Zahl wie auch Getreide.

So beschützte Caesar die Trinovanten und bewahrte sie
vor allen Untaten der Soldaten. Da ergaben sich ihm auch
die Cenimagner, Segontiaker, Ankaliten, Bibroker und Cas-
sier durch Gesandtschaften. Von ihnen erfuhr er, die Stadt
des Cassivellaunus liege, von Wäldern und Sümpfen beschützt, nicht weit von dieser Gegend entfernt, und eine
ziemlich große Anzahl Menschen und Vieh sei dort zusammengekommen. Von einer Stadt reden die Britannier,
wenn sie unzugängliches Waldgelände mit Wall und Graben
befestigen; dort pflegen sie zusammenzukommen, um sich
feindlichen Angriffen zu entziehen. Caesar machte sich mit
seinen Legionen dorthin auf. Er fand einen durch Natur und
Menschenhand hervorragend befestigten Platz vor. Trotzdem bestürmte er ihn sofort von zwei Seiten. Die Feinde hielten ein Weilchen stand; dann ertrugen sie den Angriff unserer Soldaten nicht mehr und flüchteten auf einer andern Seite
aus der Stadt. Man fand dort eine große Menge Vieh, und
viele Flüchtige wurden ergriffen und niedergemacht.

Während dies hier geschah, schickte Cassivellaunus Boten
nach Cantium, [das, wie wir schon dargelegt haben, am
Meer liegt,] wo vier Könige herrschten: Cingetorix, Carvilius, Taximagulus und Segovax. Ihnen befahl er, nach
Sammlung aller Truppen das Schiffslager überraschend anzugreifen und zu bestürmen. Als sie zum Lager kamen, machten unsere Leute einen Ausfall, töteten viele von ihnen, nahmen sogar Lugotorix, einen vornehmen Führer, gefangen
und führten die Ihrigen unversehrt zurück. Dies Gefecht
wurde dem Cassivellaunus gemeldet. Er hatte viele Nieder-

legatos per Atrebatem Commium de deditione ad Caesarem mittit. Caesar, cum constituisset hiemare in continenti propter repentinos Galliae motus neque multum aestatis superesset atque id facile extrahi posse intellegeret, obsides imperat et quid in annos singulos vectigalis populo Romano Britannia penderet, constituit; interdicit atque imperat Cassivellauno, ne Mandubracio neu Trinovantibus noceat.

Obsidibus acceptis exercitum reducit ad mare, naves invenit refectas. his deductis, quod et captivorum magnum numerum habebat et nonnullae tempestate deperierant naves, duobus commeatibus exercitum reportare instituit. ac sic accidit, uti ex tanto navium numero tot navigationibus neque hoc neque superiore anno ulla omnino navis, quae milites portaret, desideraretur, at ex iis, quae inanes ex continenti ad eum remitterentur prioris commeatus expositis militibus et, quas postea Labienus faciendas curaverat numero sexaginta, perpaucae locum caperent, reliquae fere omnes reicerentur. quas cum aliquamdiu Caesar frustra expectasset, ne anni tempore a navigatione excluderetur, quod aequinoctium suberat, necessario angustius milites collocavit ac summa tranquillitate consecuta, secunda cum solvisset vigilia, prima luce terram attigit omnesque incolumes naves perduxit.

lagen erlitten, sein Gebiet war verwüstet, besonders erschütterte ihn auch die Untreue seiner Stämme. Darum schickte er durch Vermittlung des Atrebaten Commius Boten zu Caesar, um sich zu ergeben. Caesar hatte beschlossen, der plötzlichen Unruhen in Gallien wegen auf dem Festland zu überwintern; der Sommer war auch fast zu Ende, und er sah ein, daß der Kampf sich leicht noch hinziehen könne. Deshalb befahl er ihm, Geiseln zu stellen, und setzte fest, was Britannien dem römischen Volke jährlich an Steuer zahlen sollte. Dem Cassivellaunus untersagte er ausdrücklich, dem Mandubracius und den Trinovanten Schaden zuzufügen.

Als er die Geiseln erhalten hatte, führte er sein Heer an das Meer zurück und fand die Schiffe ausgebessert vor. Er ließ sie ins Meer ziehen und beschloß, das Heer in zwei Überfahrten zurückzubringen, weil er eine große Anzahl Gefangene hatte und einige Schiffe durch Sturm vernichtet waren. So geschah es, daß von einer so großen Anzahl Schiffe bei so vielen Fahrten weder in diesem noch im vorigen Jahre auch nur ein einziges Schiff mit Soldaten an Bord verloren ging, während von denen, die man nach Ausschiffung der Soldaten der ersten Überfahrt leer vom Festland zu ihm zurückschickte, und von den sechzig, die Labienus hatte später bauen lassen, nur sehr wenige ihr Ziel erreichten, die übrigen aber fast alle zurückgeworfen wurden. Als Caesar sie eine Zeitlang vergeblich erwartet hatte, ließ er notgedrungen die Soldaten stärker zusammendrängen, damit die Jahreszeit die Fahrt nicht verhindere, denn die Tag- und Nachtgleiche stand schon bevor. Nun trat völlige Windstille ein. Da ließ er in der zweiten Nachtwache die Anker lichten, erreichte bei Tagesanbruch das Land und brachte alle Schiffe ohne Verlust ans Ziel.

FRIEDENSZEIT UNTER AUGUSTUS

Die vier Ausgangspunkte für die Überfahrt. Die Bewohner. Klima. Zollverkehr. Die Insel bleibt unbesetzt. – Gestalt und Lage. Über die Ureinwohner. Gewinnung von Zinn. Der Handel.

Ἡ δὲ Βρεττανικὴ τρίγωνος μέν ἐστι τῷ σχήματι, παραβέβληται δὲ τὸ μέγιστον αὐτῆς πλευρὸν τῇ Κελτικῇ, τοῦ μήκους οὔθ' ὑπερβάλλον οὔτ' ἐλλεῖπον· ἔστι γὰρ ὅσον τετρακισχιλίων καὶ τριακοσίων ἢ τετρακοσίων σταδίων ἑκάτερον, τό τε Κελτικὸν τὸ ἀπὸ τῶν ἐκβολῶν τοῦ Ῥήνου μέχρι πρὸς τὰ βόρεια τῆς Πυρήνης ἄκρα τὰ κατὰ Ἀκυιτανίαν, καὶ τὸ ἀπὸ Καντίου τοῦ καταντικρὺ τῶν ἐκβολῶν τοῦ Ῥήνου, ἑωθινωτάτου σημείου τῆς Βρεττανικῆς, μέχρι πρὸς τὸ ἑσπέριον ἄκρον τῆς νήσου τὸ κατὰ τὴν Ἀκυιτανίαν καὶ τὴν Πυρήνην ἀντικείμενον. τοῦτο μὲν δὴ τοὐλάχιστον διάστημα ἀπὸ τῆς Πυρήνης ἐπὶ τὸν Ῥῆνόν ἐστιν, ἐπεὶ τὸ μέγιστον εἴρηται ὅτι καὶ πεντακισχιλίων σταδίων ἐστίν· ἀλλ' εἰκὸς εἶναί τινα σύννευσιν ἐκ τῆς παραλλήλου θέσεως τῷ ποταμῷ πρὸς τὸ ὄρος, ἀμφοτέρωθεν ἐπιστροφῆς τινος γινομένης κατὰ τὰς πρὸς τὸν ὠκεανὸν ἐσχατιάς.

Τέτταρα δ' ἐστὶ διάρματα, οἷς χρῶνται συνήθως ἐπὶ τὴν νῆσον ἐκ τῆς ἠπείρου, τὰ ἀπὸ τῶν ἐκβολῶν τῶν ποταμῶν, τοῦ τε Ῥήνου καὶ τοῦ Σηκοάνα καὶ τοῦ Λίγηρος καὶ τοῦ Γαρούνα. τοῖς δ' ἀπὸ τῶν περὶ τὸν Ῥῆνον τόπων ἀναγομένοις οὐκ ἀπ' αὐτῶν τῶν ἐκβολῶν ὁ πλοῦς ἐστιν, ἀλλὰ ἀπὸ τῶν ὁμορούντων τοῖς Μεναπίοις Μορίνων, παρ' οἷς ἐστι καὶ τὸ Ἴτιον, ᾧ ἐχρήσατο Καῖσαρ ὁ θεὸς διαίρων εἰς τὴν νῆσον· νύκτωρ δ' ἀνήχθη καὶ τῇ ὑστεραίᾳ κατῆρε περὶ τετάρτην ὥραν τριακοσίους καὶ εἴκοσι σταδίους τοῦ διάπλου τελέσας· κατέλαβε δ' ἐν ἀρούραις τὸν σῖτον. ἔστι δ' ἡ πλείστη τῆς νήσου πεδιὰς καὶ κατάδρυμος, πολλὰ δὲ καὶ γεώλοφα τῶν χωρίων ἐστί, φέρει δὲ σῖτον καὶ βοσκήματα καὶ χρυσὸν καὶ ἄργυρον καὶ σίδηρον· ταῦτα δὴ κομίζεται ἐξ αὐτῆς καὶ δέρματα καὶ ἀνδράποδα καὶ κύνες εὐφυεῖς πρὸς τὰς κυνηγεσίας· Κελτοὶ δὲ καὶ πρὸς τοὺς πολέμους χρῶνται καὶ τούτοις καὶ τοῖς ἐπιχωρίοις. οἱ δὲ ἄνδρες εὐμηκέ-

Britannien hat eine dreieckige Gestalt, und seine längste
Seite erstreckt sich neben Gallien in gleicher Ausdehnung
wie dieses, denn beide Strecken betragen etwa viertausend-
dreihundert oder viertausendvierhundert Stadien, die gallische von der Rheinmündung bis zu den nördlichen Höhen
der Pyrenäen in Aquitanien, die britannische von Cantium
gegenüber der Rheinmündung, dem östlichen Grenzpunkt
Britanniens, bis zur Westspitze der Insel gegenüber Aquitanien und den Pyrenäen. Dies ist also der geringste Ab-
stand zwischen Pyrenäen und Rhein, denn der größte beträgt sogar, wie es heißt, fünftausend Stadien; es liegt aber
natürlich eine Annäherung aus der Parallel-Lage von Fluß
und Gebirge vor, da beiderseits eine Richtungsänderung
am äußersten, dem Ozean nahen Ende eintritt.

Man benutzt gewöhnlich vier Übergänge vom Festland
zur Insel, nämlich von den Flußmündungen des Rheins,
der Seine, der Loire und der Garonne aus. Wer aus der
Rheingegend kommt, fährt nicht unmittelbar aus der Mündung ab, sondern aus dem Gebiet der Moriner, der Nachbarn der Menapier. Bei ihnen befindet sich auch Ition, das
der göttliche Caesar bei seinem Übergang auf die Insel als
Hafen benutzte; er brach nachts auf und landete um die
vierte Stunde des folgenden Tages nach einer Überfahrt
von dreihundertzwanzig Stadien. Das Korn fand er noch
auf den Feldern vor. Der größte Teil der Insel ist flach und
waldig, viele Gegenden auch hügelig. Erträge sind Korn,
Vieh, Gold, Silber und Eisen; dies wird ausgeführt, dazu
Felle, Sklaven und ausgezeichnete Jagdhunde; die Gallier
benutzen sie neben den ihrigen auch im Kriege. Die Männer
sind größer als die Gallier und weniger blond, ihre Körper
schlaffer. Ein Beweis für ihre Größe: wir sahen in Rom

στεροι τῶν Κελτῶν εἰσι καὶ ἧσσον ξανθότριχες, χαυνότεροι δὲ τοῖς σώμασι. σημεῖον δὲ τοῦ μεγέθους· ἀντίπαιδας γὰρ εἴδομεν ἡμεῖς ἐν ʿΡώμῃ τῶν ὑψηλοτάτων αὐτόθι ὑπερέχοντας καὶ ἡμιποδίῳ, βλαισοὺς δὲ καὶ τἄλλα οὐκ εὐγράμμους τῇ συστάσει. τὰ δʾ ἔθη τὰ μὲν ὅμοια τοῖς Κελτοῖς τὰ δʾ ἁπλούστερα καὶ βαρβαρώτερα, ὥστʾ ἐνίους γάλακτος εὐποροῦντας μὴ τυροποιεῖν διὰ τὴν ἀπειρίαν, ἀπείρους δʾ εἶναι καὶ κηπείας καὶ ἄλλων γεωργικῶν. δυναστεῖαι δʾ εἰσὶ παρʾ αὐτοῖς. πρὸς δὲ τοὺς πολέμους ἀπήναις χρῶνται τὸ πλέον, καθάπερ καὶ τῶν Κελτῶν ἔνιοι. πόλεις δʾ αὐτῶν εἰσιν οἱ δρυμοί· περιφράξαντες γὰρ δένδρεσι καταβεβλημένοις εὐρυχωρῆ κύκλον ἐνταῦθα καὶ αὐτοὶ καλυβοποιοῦνται καὶ τὰ βοσκήματα κατασταθμεύουσιν οὐ πρὸς πολὺν χρόνον. ἔπομβροι δʾ εἰσὶν οἱ ἀέρες μᾶλλον ἢ νιφετώδεις· ἐν δὲ ταῖς αἰθρίαις ὁμίχλη κατέχει πολὺν χρόνον, ὥστε διʾ ἡμέρας ὅλης ἐπὶ τρεῖς μόνον ἢ τέτταρας ὥρας τὰς περὶ τὴν μεσημβρίαν ὁρᾶσθαι τὸν ἥλιον. τοῦτο δὲ κἂν τοῖς Μορίνοις συμβαίνει καὶ τοῖς Μεναπίοις καὶ ὅσοι τούτων πλησιόχωροι.

Δὶς δὲ διέβη Καῖσαρ ἐπὶ τὴν νῆσον ὁ θεός, ἐπανῆλθε δὲ διὰ ταχέων οὐδὲν μέγα διαπραξάμενος οὐδὲ προελθὼν ἐπὶ πολὺ τῆς νήσου, διά τε τὰς ἐν τοῖς Κελτοῖς γενομένας στάσεις τῶν τε βαρβάρων καὶ τῶν οἰκείων στρατιωτῶν, καὶ διὰ τὸ πολλὰ τῶν πλοίων ἀπολέσθαι κατὰ τὴν πανσέληνον αὔξησιν λαβουσῶν τῶν ἀμπώτεων καὶ τῶν πλημμυρίδων. δύο μέντοι ἢ τρεῖς νίκας ἐνίκησε τοὺς Βρεττανούς, καίπερ δύο τάγματα μόνον περαιώσας τῆς στρατιᾶς, καὶ ἀπήγαγεν ὅμηρά τε καὶ ἀνδράποδα καὶ τῆς ἄλλης λείας πλῆθος. νυνὶ μέντοι τῶν δυναστῶν τινες τῶν αὐτόθι πρεσβεύσεσι καὶ θεραπείαις κατασκευασάμενοι τὴν πρὸς Καίσαρα τὸν Σεβαστὸν φιλίαν ἀναθήματά τε ἀνέθηκαν ἐν τῷ Καπε

einige, die, kaum dem Kindesalter entwachsen, die größten
Einwohner noch um einen halben Fuß überragten, aber
krummbeinig und auch sonst nicht gut gewachsen waren.
Ihre Sitten sind teils den gallischen gleich, teils einfacher
und barbarischer. Einige z. B. haben reichlich Milch, stellen aber aus Unwissenheit keinen Käse her; auch kennen
sie weder Gartenbestellung noch andere Landarbeiten.
Herrscher gibt es aber bei ihnen. In den Kriegen benutzen sie meist Streitwagen, wie auch einige der Gallier.
Ihre Städte sind die Wälder; denn sie umzäunen mit ge-
fällten Bäumen einen umfangreichen, kreisrunden Platz
und errichten daselbst ihre Hütten und das Gehege für
ihr Vieh, aber nicht für lange Zeit. Die Luft gibt mehr
Regen als Schnee; auch bei trockenem Wetter hält sich
der Nebel lange Zeit, und man sieht während des ganzen
Tages nur um die Mittagszeit drei oder vier Stunden lang
die Sonne. Dies ist auch der Fall bei den Morinern, den
Menapiern und ihren Nachbarn.

Zweimal setzte der göttliche Caesar nach der Insel über,
kehrte aber bald zurück, ohne Bedeutendes ausgerichtet zu
haben. Er drang auch nicht weit in die Insel ein, denn in
Gallien brachen Aufstände unter den Einwohnern und
unter seinen Soldaten aus; auch verlor er viele Schiffe, als
bei Vollmond die Bewegung der Gezeiten anwuchs. Jedoch besiegte er die Britannier zwei- oder dreimal, obwohl
er nur zwei Legionen seines Heeres übersetzen ließ, und
führte Geiseln, Sklaven und viele andere Beute mit davon.
Jetzt aber haben sich einige der dortigen Häuptlinge durch
Gesandtschaften und Huldigungen die Gunst des Kaisers
Augustus verschafft, Weihgeschenke auf dem Kapitol auf-

τωλίῳ καὶ οἰκείαν σχεδόν τι παρεσκεύασαν τοῖς ʿΡωμαίοις
ὅλην τὴν νῆσον· τέλη τε οὔπως ὑπομένουσι βαρέα τῶν τε
εἰσαγομένων εἰς τὴν Κελτικὴν ἐκεῖθεν καὶ τῶν ἐξαγομένων
ἐνθένδε (ταῦτα δ᾽ ἐστὶν ἐλεφάντινα ψάλια καὶ περιαυχένια
καὶ λυγγούρια καὶ ὑαλᾶ σκεύη καὶ ἄλλος ῥῶπος τοιοῦτος),
ὥστε μηδὲν δεῖν φρουρᾶς τῆς νήσου· τοὐλάχιστον μὲν γὰρ
ἑνὸς τάγματος χρῄζοι ἂν καὶ ἱππικοῦ τινος, ὥστε καὶ φόρους ἀπάγεσθαι παρ᾽ αὐτῶν, εἰς ἴσον δὲ καθίσταιτ᾽ ἂν τὸ
ἀνάλωμα τῇ στρατιᾷ τοῖς προσφερομένοις χρήμασιν· ἀνάγκη
γὰρ μειοῦσθαι τὰ τέλη φόρων ἐπιβαλλομένων, ἅμα δὲ καὶ
κινδύνους ἀπαντᾶν τινας βίας ἐπαγομένης.

DIODOROS V 21. 22

Κατὰ γὰρ τὴν Γαλατίαν τὴν παρωκεανῖτιν κατ᾽ ἀντικρὺ
τῶν ʿΕρκυνίων ὀνομαζομένων δρυμῶν (μεγίστους γὰρ ὑπάρ-
χειν παρειλήφαμεν τῶν κατὰ τὴν Εὐρώπην) νῆσοι πολλαὶ
κατὰ τὸν ὠκεανὸν ὑπάρχουσιν, ὧν ἐστι μεγίστη ἡ Πρετ-
τανικὴ καλουμένη. αὕτη δὲ τὸ μὲν παλαιὸν ἀνεπίμικτος
ἐγένετο ξενικαῖς δυνάμεσιν· οὔτε γὰρ Διόνυσον οὔθ᾽ ʿΗρα-
κλέα παρειλήφαμεν οὔτε τῶν ἄλλων ἡρώων ἐστρατευμένον
ἐπ᾽ αὐτήν· καθ᾽ ἡμᾶς δὲ Γάιος Καῖσαρ ὁ διὰ τὰς πράξεις
ἐπονομασθεὶς θεὸς πρῶτος τῶν μνημονευομένων ἐχειρώ-
σατο τὴν νῆσον, καὶ τοὺς Πρεττανοὺς καταπολεμήσας
ἠνάγκασε τελεῖν ὡρισμένους φόρους. ἀλλὰ περὶ μὲν τούτων
τὰς κατὰ μέρος πράξεις ἐν τοῖς οἰκείοις χρόνοις ἀναγράψομεν, περὶ δὲ τῆς νήσου καὶ τοῦ φυομένου κατ᾽ αὐτὴν

gestellt und fast die ganze Insel den Römern günstig ge-
stimmt. Sie zahlen Zölle, die keineswegs schwer sind, für die
von dort nach Gallien eingeführten und von hier ausge-
führten Waren; es handelt sich dabei um Zaumketten aus
Elfenbein, Halsbänder, Gefäße aus Bernstein und Glas und
andern derartigen Tand. Daher braucht die Insel auch
keine Besatzung. Denn man brauchte wenigstens eine Legion und etwas Reiterei, um Abgaben von ihnen einzutrei-
ben; dann würden aber die Kosten für dieses Heer die Höhe
der eingezogenen Gelder erreichen. Denn bei Einführung
von Steuern müßte man die Zölle herabsetzen, und zugleich würden sich, bei Anwendung von Gewalt, Gefahren ergeben.

DIODOROS V 21. 22

Längs der gallischen Küste und dem Hercynischen Walde,
dem größten von Europa, wie man sagt, gegenüber, liegen
viele Inseln im Ozean. Die größte davon heißt Britannien.
Es lag in alter Zeit außerhalb des Verkehrs mit fremden
Mächten, denn wie wir hören, ist weder Dionysos noch
Herakles noch einer der andern Heroen mit einem Heere
dorthin gezogen. In unserer Zeit hat Gajus Caesar, der
seiner Taten wegen zum Gott erhöht wurde, als erster
von allen Genannten die Insel unterworfen, die Britannier besiegt und zur Zahlung bestimmter Abgaben ge-
zwungen. Aber die Einzelheiten dieser Vorgänge werden
wir zu seiner Zeit beschreiben; über die Insel aber und
das vorhandene Zinn werden wir jetzt sprechen. Britan-

καττιτέρου *νῦν* διέξιμεν. αὕτη γὰρ τῷ σχήματι τρίγωνος οὖσα παραπλησίως τῇ Σικελίᾳ τὰς πλευρὰς οὐκ ἰσοκώλους ἔχει. παρεκτεινούσης δ' αὐτῆς παρὰ τὴν Εὐρώπην λοξῆς τὸ μὲν ἐλάχιστον ἀπὸ τῆς ἠπείρου διεστηκὸς ἀκρωτήριον, ὃ καλοῦσι Κάντιον, φασὶν ἀπέχειν ἀπὸ τῆς γῆς σταδίους ὡς ἑκατόν, καθ' ὃν τόπον ἡ θάλαττα ποιεῖται τὸν ἔκρουν, τὸ δ' ἕτερον ἀκρωτήριον τὸ καλούμενον Βελέριον ἀπέχειν, λέγεται τῆς ἠπείρου πλοῦν ἡμερῶν τεττάρων, τὸ δ' ὑπολειπόμενον ἀνήκειν μὲν ἱστοροῦσιν εἰς τὸ πέλαγος, ὀνομάζεσθαι δ' Ὄρκαν. τῶν δὲ πλευρῶν τὴν μὲν ἐλαχίστην εἶναι σταδίων ἑπτακισχιλίων πεντακοσίων παρήκουσαν παρὰ τὴν Εὐρώπην, τὴν δὲ δευτέραν τὴν ἀπὸ τοῦ πορθμοῦ πρὸς τὴν κορυφὴν ἀνήκουσαν σταδίων μυρίων πεντακισχιλίων, τὴν δὲ λοιπὴν σταδίων δισμυρίων, ὥστε τὴν πᾶσαν εἶναι τῆς νήσου περιφορὰν σταδίων τετρακισμυρίων δισχιλίων πεντακοσίων. κατοικεῖν δέ φασι τὴν Πρεττανικὴν αὐτόχθονα γένη καὶ τὸν παλαιὸν βίον ταῖς ἀγωγαῖς διατηροῦντα. ἅρμασι μὲν γὰρ κατὰ τοὺς πολέμους χρῶνται, καθάπερ οἱ παλαιοὶ τῶν Ἑλλήνων ἥρωες ἐν τῷ Τρωικῷ πολέμῳ κεχρῆσθαι παραδέδονται, καὶ τὰς οἰκήσεις εὐτελεῖς ἔχουσιν ἐκ τῶν καλάμων ἢ ξύλων κατὰ τὸ πλεῖστον συγκειμένας· τήν τε συναγωγὴν τῶν σιτικῶν καρπῶν ποιοῦνται τοὺς στάχυς αὐτοὺς ἀποτέμνοντες καὶ θησαυρίζοντες εἰς τὰς καταστέγους οἰκήσεις· ἐκ δὲ τούτων τοὺς παλαιοὺς στάχυς καθ' ἡμέραν τίλλειν καὶ κατεργαζομένους ἔχειν τὴν τροφήν. τοῖς δ' ἤθεσιν ἁπλοῦς εἶναι καὶ πολὺ κεχωρισμένους τῆς τῶν νῦν ἀνθρώπων ἀγχινοίας καὶ πονηρίας. τάς τε διαίτας εὐτελεῖς ἔχειν καὶ τῆς ἐκ τοῦ πλούτου γεννωμένης τρυφῆς πολὺ διαλλάττοντας. εἶναι δὲ καὶ πολυάνθρωπον τὴν νῆσον καὶ τὴν τοῦ ἀέρος ἔχειν διάθεσιν παντελῶς κατεψυγμένην, ὡς ἂν ὑπ' αὐτὴν τὴν ἄρκτον κειμένην. βασιλεῖς

nien ist dreieckig von Gestalt, ähnlich wie Sizilien, aber
nicht gleichseitig. Es dehnt sich Europa gegenüber in
schräger Richtung aus. Das dem Festland am nächsten
gelegene Vorgebirge, Cantium genannt, ist, wie es heißt,
vom Lande etwa hundert Stadien entfernt, an der Stelle,
wo das Meer sich einen Ausgang verschafft. Das andere
Vorgebirge, Belerium mit Namen, soll vom Festland eine
Fahrt von vier Stunden entfernt sein; das letzte, Orkas
geheißen, ragt, wie die Einwohner erzählen, in das offene
Meer hinein. Von den Seiten erstreckt sich die kürzeste
siebentausendfünfhundert Stadien Europa gegenüber, die
zweite von der Meerenge zur nördlichen Spitze fünfzehn-
tausend Stadien, die letzte zwanzigtausend Stadien. Daher
beträgt der Gesamtumfang der Insel zweiundvierzigtausend-
fünfhundert Stadien. Wie es heißt, bewohnen Britannien
Ureinwohner, die in ihren Bräuchen noch die Lebensweise
der Vorzeit bewahren. Denn sie verwenden im Kriege
Streitwagen, wie der Überlieferung nach die althellenischen
Helden im Trojanischen Kriege, und haben einfache Häuser, die meist aus Rohr oder Holz bestehen. Das Getreide
sammeln sie, indem sie die Ähren selbst abschneiden und
in unterirdischen Räumen aufspeichern. Dort raufen sie
Tag für Tag die alten Ähren heraus und verschaffen sich
Nahrung durch ihre Verarbeitung. Ihre Sitten sind ein-
fach und trennen sie weit von der Schlauheit und Bös-
artigkeit ihrer Zeitgenossen. Ihre Lebensweise ist schlicht
und weit entfernt von der Üppigkeit, die der Reichtum
hervorruft. Die Insel ist volkreich und hat ein völlig kühles
Klima, denn sie liegt genau im Norden. Könige und Haupt-
linge sind zahlreich; sie leben meist miteinander im Frieden. Jedoch ihre Gesetze und die übrigen Eigentümlich-

Diodoros

δὲ καὶ δυνάστας πολλοὺς ἔχειν καὶ πρὸς ἀλλήλους κατὰ
τὸ πλεῖστον εἰρηνικῶς διακεῖσθαι. ἀλλὰ περὶ μὲν τῶν κατ'
αὐτὴν νομίμων καὶ τῶν ἄλλων ἰδιωμάτων τὰ κατὰ μέρος
ἀναγράψομεν, ὅταν ἐπὶ τὴν Καίσαρος γενομένην στρατείαν
εἰς Πρεττανίαν παραγενηθῶμεν, νῦν δὲ περὶ τοῦ κατ' αὐτὴν
φυομένου καττιτέρου διέξιμεν. τῆς γὰρ Πρεττανικῆς κατὰ
τὸ ἀκρωτήριον τὸ καλούμενον Βελέριον οἱ κατοικοῦντες
φιλόξενοί τε διαφερόντως εἰσὶ καὶ διὰ τὴν τῶν ξένων ἐμ-
πόρων ἐπιμιξίαν ἐξημερωμένοι τὰς ἀγωγάς. οὗτοι τὸν καττίτερον κατασκευάζουσι φιλοτέχνως ἐργαζόμενοι τὴν φέρου-
σαν αὐτὸν γῆν. αὕτη δὲ πετρώδης οὖσα διαφυὰς ἔχει γεώ-
δεις, ἐν αἷς τὴν βῶλον κατεργαζόμενοι καὶ τήξαντες καθαί-
ρουσιν. ἀποτυποῦντες δ' εἰς ἀστραγάλων ῥυθμοὺς κομί-
ζουσιν εἴς τινα νῆσον προκειμένην μὲν τῆς Πρεττανικῆς,
ὀνομαζομένην δὲ Ἴκτιν· κατὰ γὰρ τὰς ἀμπώτεις ἀναξη-
ραινομένου τοῦ μεταξὺ τόπου ταῖς ἁμάξαις εἰς ταύτην
κομίζουσι δαψιλῆ τὸν καττίτερον. ἴδιον δέ τι συμβαίνει
περὶ τὰς πλησίον νήσους τὰς μεταξὺ κειμένας τῆς τε Εὐ-
ρώπης καὶ τῆς Πρεττανικῆς· κατὰ μὲν γὰρ τὰς πλημμυρίδας
τοῦ μεταξὺ πόρου πληρουμένου νῆσοι φαίνονται, κατὰ δὲ
τὰς ἀμπώτεις ἀπορρεούσης τῆς θαλάττης καὶ πολὺν τόπον
ἀναξηραινούσης θεωροῦνται χερρόνησοι. ἐντεῦθεν δ' οἱ ἔμ-
ποροι παρὰ τῶν ἐγχωρίων ὠνοῦνται καὶ διακομίζουσιν εἰς
τὴν Γαλατίαν· τὸ δὲ τελευταῖον πεζῇ διὰ τῆς Γαλατίας
πορευθέντες ἡμέρας ὡς τριάκοντα κατάγουσιν ἐπὶ τῶν
ἵππων τὰ φορτία πρὸς τὴν ἐκβολὴν τοῦ Ῥοδανοῦ ποτα-
μοῦ.

keiten werden wir im einzelnen beschreiben, wenn wir zu Caesars Zug nach Britannien kommen; jetzt aber wollen wir über das dort vorhandene Zinn sprechen. Die am Vorgebirge Belerium wohnenden Britannier sind besonders gastfreundlich und haben mildere Sitten wegen des Verkehrs mit den fremden Kaufleuten. Sie gewinnen das Zinn in geschickter Weise durch Bearbeitung des Bodens, der es enthält. Dieser ist steinig, hat aber Schichten aus Erde, in denen sie das Metall durch Verarbeitung und Schmelzen läutern. Dann formen sie es zu würfelförmigen Stücken und bringen es auf eine vor Britannien gelegene Insel namens Iktis; denn. wenn bei Ebbe das Gebiet dazwischen vom Wasser frei wird, bringen sie das Zinn in reichlicher Menge auf Wagen dorthin. Eine Eigentümlichkeit zeigt sich bei den Inseln in der Nähe, die zwischen Europa und Britannien liegen; zur Zeit der Flut erscheinen sie als Inseln, weil sich der Zwischenraum mit Wasser füllt, aber bei Ebbezeit läuft das Meer ab und legt ein großes Gebiet trocken; dann sehen sie wie Festland aus. Dort kaufen die Händler das Zinn von den Eingeborenen und bringen es nach Gallien hinüber; zuletzt reisen sie etwa dreißig Tage zu Fuß durch Gallien und bringen ihre Fracht auf Pferden bis zur Rhonemündung.

SÜDBRITANNIEN UNTER CLAUDIUS

Feldzug unter Plautius. Glatte Landung. Sieg der Römer am Medway. Schlacht an der Themsemündung. Widerstand der Briten. Ankunft des Claudius. Eroberung von Camulodunum (Colchester). Unterwerfung zahlreicher Stämme. Einsetzung des Plautius als Statthalter. Rückkehr des Claudius nach Rom. Verleihung des Beinamens „Britannicus". Triumph. – Pomponius Melas Beschreibung Britanniens. – Neuer Feldzug unter Publius Ostorius. Vordringen des römischen Heeres bis zu den Ceangern. Schlacht mit den von Caratacus befehligten Silurern. Sieg der Römer. Auslieferung des Caratacus und seine Rede in Rom. Begnadigung. Bekämpfung britannischer Aufstände. Tod des Ostorius. Aulus Didius Nachfolger.

CASSIUS DIO LX 19-22

Αὖλος Πλαύτιος βουλευτὴς λογιμώτατος ἐς τὴν Βρεττανίαν ἐστράτευσε· Βέρικος γάρ τις ἐκπεσὼν ἐκ τῆς νήσου κατὰ στάσιν ἔπεισε τὸν Κλαύδιον δύναμιν ἐς αὐτὴν πέμψαι. καὶ οὕτως ὁ Πλαύτιος στρατηγήσας τὸ μὲν στράτευμα χαλεπῶς ἐκ τῆς Γαλατίας ἐξήγαγεν· ὡς γὰρ ἔξω τῆς οἰκουμένης στρατεύσοντες ἠγανάκτουν καὶ οὐ πρότερόν γε αὐτῷ ἐπείσθησαν πρὶν τὸν Νάρκισσον ὑπὸ τοῦ Κλαυδίου πεμφθέντα ἀναβῆναί τε ἐπὶ τὸ τοῦ Πλαυτίου βῆμα καὶ δημηγορῆσαί τι ἐθελῆσαι· τότε γὰρ πολλῷ που μᾶλλον ἐπ᾽ αὐτῷ ἀχθεσθέντες οὔτε τι ἐκείνῳ εἰπεῖν ἐπέτρεψαν, συμβοήσαντες ἐξαίφνης τοῦτο δὴ τὸ θρυλούμενον Ἰὼ σατουρνάλια᾽, ἐπειδήπερ ἐν τοῖς Κρονίοις οἱ δοῦλοι τὸ τῶν δεσποτῶν σχῆμα μεταλαμβάνοντες ἑορτάζουσι, καὶ τῷ Πλαυτίῳ εὐθὺς ἑκούσιοι συνέσποντο.

Τὴν μὲν οὖν ὁρμὴν χρονίαν διὰ ταῦτ᾽ ἐποιήσαντο, τριχῇ δὲ δὴ νεμηθέντες ὅπως μὴ καθ᾽ ἓν περαιούμενοι κωλυθῶσί ποι προσσχεῖν, κἂν τῷ διάπλῳ τὸ μέν τι δυσφορήσαντες ἐπειδὴ ἐπαλινδρόμησαν, τὸ δὲ ἀναθαρσήσαντες ὅτι λαμπὰς ἀπὸ τῶν ἀνατολῶν ἀρθεῖσα πρὸς τὰς δυσμὰς ᾗπερ ἔπλεον διέδραμε, κατῆραν ἐς τὴν νῆσον μηδενός σφισιν ἐναντιωθέντος· οἱ γὰρ Βρεττανοὶ μὴ προσδοκήσαντες αὐτοὺς δι᾽ ἅπερ ἐπυνθάνοντο ἥξειν, οὐ προσυνελέγησαν. οὐ μὴν οὐδὲ τότε ἐς χεῖρας αὐτοῖς ἦλθον, ἀλλ᾽ ἔς τε τὰ ἕλη καὶ ἐς τὰς ὕλας κατέφυγον, ἐλπίσαντές σφας ἄλλως κατατρίψειν, ὥσθ᾽, ὅπερ ἐπὶ τοῦ Καίσαρος τοῦ Ἰουλίου ἐγεγόνει, διὰ κενῆς αὐτοὺς ἀναπλεῦσαι.

Aulus Plautius, ein hervorragendes Mitglied des Senats, führte ein Heer gegen Britannien, denn ein gewisser Bericus, der während eines Aufstandes die Insel hatte verlassen müssen, hatte Claudius überredet, Truppen dorthin zu schicken. So verließ denn Plautius als Proprätor mit seinem Heere Gallien, aber nur unter Schwierigkeiten; denn die Truppen waren unzufrieden, als sollten sie außerhalb der bewohnbaren Erde einen Feldzug unternehmen, und folgten ihm nicht eher, als bis der von Claudius entsandte Narziß das Tribunal des Plautius erstieg und eine Ansprache halten wollte. Da ärgerten sie sich nämlich über Narziß bedeutend mehr und ließen ihn gar nicht erst zu Worte kommen, sondern riefen plötzlich im Chor das bekannte „Jo saturnalia", da beim Saturnalienfeste die Sklaven das Gewand ihrer Herren anlegen und feiern. Dann folgten sie sogleich dem Plautius aus freien Stücken.

Hierdurch verzögerten sie ihren Aufbruch. Man teilte sie dann in drei Gruppen, damit sie nicht durch eine Gesamtüberfahrt irgendwo am Landen gehindert würden. Während des Übersetzens waren sie zeitweilig in übler Lage, da die Schiffe zurückgetrieben wurden, faßten dann aber wieder Mut, als ein Lichtschein sich im Osten erhob und bis nach Westen in ihrer Fahrtrichtung über den Himmel schoß. Sie landeten auf der Insel, ohne Widerstand zu finden. Denn die Britannier hatten nach allem, was sie hörten, nicht gemeint, daß sie kommen würden, und sich vorher nicht gesammelt. Auch ließen sie sich damals nicht in einen Kampf mit ihnen ein, sondern flohen in die Sümpfe und Wälder, in der Hoffnung, sie auf andere

Cassius Dio

Ὁ οὖν Πλαύτιος πολλὰ μὲν πράγματα ἀναζητῶν σφᾶς ἔσχεν, ἐπεὶ δὲ εὗρέ ποτε (ἦσαν δὲ οὐκ αὐτόνομοι ἀλλ᾽ ἄλλοις βασιλεῦσι προστεταγμένοι), πρῶτον μὲν Καράτακον ἔπειτα Τογόδουμνον, Κυνοβελλίνου παῖδας, ἐνίκησεν· αὐτὸς γὰρ ἐτεθνήκει. φυγόντων δὲ ἐκείνων προσεποιήσατο ὁμολογίᾳ μέρος τι τῶν Βοδούννων, ὧν ἐπῆρχον Κατουελλανοὶ ὄντες, κἀνταῦθα φρουρὰν καταλιπὼν πρόσω ᾔει. ὡς δ᾽ ἐπὶ ποταμῷ τινι ἐγένοντο ὃν οὐκ ᾤοντο οἱ βάρβαροι δυνήσεσθαι τοὺς Ῥωμαίους ἄνευ γεφύρας διαβῆναι, καὶ διὰ ταῦτ᾽ ἀμελέστερόν πως ἐπὶ τῆς ὄχθης αὐτοῦ τῆς κατ᾽ ἀντιπέραν ηὐλίζοντο, πέμπει Κελτούς, οἷς ἔθος ἦν καὶ διὰ τῶν ῥοωδεστάτων ῥᾳδίως αὐτοῖς ὅπλοις διανήχεσθαι. καὶ ἐπειδὴ ἐκεῖνοι παρὰ δόξαν τοῖς ἐναντίοις προσπεσόντες τῶν μὲν ἀνδρῶν οὐδένα ἔβαλλον, τοὺς δ᾽ ἵππους τοὺς τὰ ἅρματα αὐτῶν ἄγοντας ἐτίτρωσκον, κἀκ τούτου ταραττομένων σφῶν οὐδ᾽ οἱ ἐπιβάται ἀσφαλεῖς εἶναι ἐδύναντο, ἐπιδιέπεμψε τόν τε Οὐεσπασιανὸν τὸν Φλάουιον τὸν καὶ τὴν αὐτοκράτορα μετὰ ταῦτα ἀρχὴν λαβόντα, καὶ τὸν ἀδελφὸν αὐτοῦ Σαβῖνον ὑποστρατηγοῦντά οἱ· καὶ οὕτω διελθόντες πῃ καὶ ἐκεῖνοι τὸν ποταμὸν συχνοὺς τῶν βαρβάρων μὴ προσδεχομένους ἀπέκτειναν. οὐ μέντοι οἱ λοιποὶ ἔφυγον, ἀλλὰ τῆς ὑστεραίας αὖθις συμβαλόντες σφίσιν ἀγχώμαλα ἠγωνίσαντο, πρὶν δὴ Γναῖος Ὁσίδιος Γέτας κινδυνεύσας ἁλῶναι, ἔπειθ᾽ οὕτως αὐτῶν ἐκράτησεν ὥστε καὶ τιμὰς ἐπινικίους, καίπερ οὐχ ὑπατευκώς, λαβεῖν.

Ἀναχωρησάντων δὲ ἐντεῦθεν τῶν Βρεττανῶν ἐπὶ τὸν

Weise so zu ermatten, daß sie wie zu Julius Caesars Zeiten
unverrichteter Dinge wieder abfahren würden.

Plautius hatte große Mühe, sie aufzuspüren, und als er
sie endlich gefunden hatte – sie waren nicht selbständig,
sondern fremden Königen untertan – besiegte er erst den
Caratacus, dann den Togodumnus, Söhne des Cunobellinus, denn dieser selbst war schon tot. Nach ihrer Flucht
gewann er durch Übereinkunft einen Teil der Bodunner,
die unter der Herrschaft der Catuvellauner standen. Er
ließ dort eine Besatzung zurück und rückte dann weiter
vor. Als sie an einen Fluß kamen, von dem die Barbaren
glaubten, die Römer würden ihn ohne Brücke nicht überschreiten können, weshalb sie auch recht nachlässig am
jenseitigen Ufer lagerten, schickte er die Gallier vor, die
gewohnt waren, sogar durch die reißendsten Ströme gewandt mitsamt ihren Waffen zu schwimmen. Als diese
überraschend die Gegner angriffen und keinen Mann ver-
letzten, sondern nur die Pferde vor ihren Wagen verwundeten und diese infolgedessen scheu wurden und daher
auch ihre Lenker die Sicherheit verloren, schickte er ihnen
den Flavius Vespasianus nach, der später Kaiser wurde,
und seinen Bruder und Legaten Sabinus. Nachdem auch
diese auf irgendeine Weise den Fluß durchquert hatten,
töteten sie zahlreiche Barbaren, die darauf nicht gefaßt
waren. Aber der Rest floh nicht, sondern schlug sich am
Tage darauf wiederum mit ihnen. Dieser Kampf blieb zunächst unentschieden, dann aber besiegte sie Gnäus Ho-
sidius Geta, der zuerst fast gefangengenommen wäre, so
entscheidend, daß er, ohne Konsul gewesen zu sein, die
Insignien eines Triumphators erhielt.

Von da wichen die Britannier zur Themse zurück, wo

Ταμέσαν ποταμόν, καθ' ὃ ἔς τε τὸν ὠκεανὸν ἐκβάλλει πλημμύροντός τε αὐτοῦ λιμνάζει, καὶ ῥᾳδίως αὐτὸν διαβάντων ἅτε καὶ τὰ στέριφα τά τε εὔπορα τοῦ χωρίου ἀκριβῶς εἰδότων, οἱ Ῥωμαῖοι ἐπακολουθήσαντές σφισι ταύτῃ μὲν ἐσφάλησαν, διανηξαμένων δ' αὖθις τῶν Κελτῶν, καί τινων ἑτέρων διὰ γεφύρας ὀλίγον ἄνω διελθόντων, πολλαχόθεν τε ἅμα αὐτοῖς προσέμιξαν καὶ πολλοὺς αὐτῶν κατέκοψαν, τούς τε λοιποὺς ἀπερισκέπτως ἐπιδιώκοντες ἔς τε ἕλη δυσδιέξοδα ἐσέπεσον καὶ συχνοὺς ἀπέβαλον. διά τε οὖν τοῦτο, καὶ ὅτι καὶ τοῦ Τογοδούμνου φθαρέντος οἱ Βρεττανοὶ οὐχ ὅσον ἐνέδοσαν, ἀλλὰ καὶ μᾶλλον πρὸς τὴν τιμωρίαν αὐτοῦ ἐπισυνέστησαν, φοβηθεὶς ὁ Πλαύτιος οὐκέτι περαιτέρω προεχώρησεν, ἀλλ' αὐτός τε τὰ παρόντα διὰ φυλακῆς ἐποιήσατο καὶ τὸν Κλαύδιον μετεπέμψατο· εἴρητο γὰρ αὐτῷ, εἴ τι βιαιότερον γίγνοιτο, τοῦτο ποιῆσαι, καὶ παρασκευή γε ἐπὶ τῇ στρατείᾳ πολλὴ τῶν τε ἄλλων καὶ ἐλεφάντων προσυνείλεκτο.

Ἐλθούσης δὲ τῆς ἀγγελίας ὁ Κλαύδιος τὰ μὲν οἴκοι τῷ Οὐιτελλίῳ τῷ Λουκίῳ τῷ συνάρχοντι τά τε ἄλλα καὶ τοὺς στρατιώτας ἐνεχείρισε (καὶ γὰρ ἐξ ἴσου αὐτὸν ἑαυτῷ ἑξάμηνον ὅλον ὑπατεῦσαι ἐποίησεν), αὐτὸς δὲ ἐξεστρατεύσατο. καὶ καταπλεύσας ἐς τὰ Ὤστια ἐκεῖθεν ἐς Μασσαλίαν παρεκομίσθη, κἀντεῦθεν τὰ μὲν πεζῇ τὰ δὲ καὶ διὰ τῶν ποταμῶν πορευόμενος πρός τε τὸν ὠκεανὸν ἀφίκετο, καὶ περαιωθεὶς ἐς τὴν Βρεττανίαν συνέμιξε τοῖς στρατοπέδοις πρὸς τῷ Ταμέσᾳ ἀναμένουσιν αὐτόν. καὶ παραλαβὼν σφας ἐκεῖνόν τε ἐπιδιέβη, καὶ τοῖς βαρβάροις πρὸς τὴν ἔφοδον αὐτοῦ συνεστραμμένοις ἐς χεῖρας ἐλθὼν μάχῃ τε ἐνίκησε καὶ τὸ

sie in den Ozean mündet und sich durch dessen Gezeiten seeartig erweitert, und durchschritten sie leicht, da sie die festen Stellen und die Furten der Gegend genau kannten. Die Römer, die ihnen folgten, versagten hier, aber die Gallier schwammen wieder hindurch, und einige andere gelangten ein wenig oberhalb auf einer Brücke ans jenseitige Ufer. Dann fielen sie von vielen Seiten zugleich über ihre Gegner her und schlugen viele von ihnen nieder; den Rest verfolgten sie unvorsichtig, gerieten dabei in Sümpfe ohne Ausweg und hatten erhebliche Verluste. Aus diesem Grunde und weil auch nach Togodumnus' Untergang die Britannier nicht daran dachten, nachzugeben, sondern sich sogar noch lebhafter empörten, um ihn zu rächen, bekam es Plautius mit der Angst und rückte nicht weiter vor, sondern entschied sich für eine vorsichtige Behandlung der Lage und forderte Claudius auf zu kommen. Er hatte nämlich den Auftrag, so zu handeln, wenn sich stärkerer Widerstand zeigte, und man hatte schon im voraus lebhaft für den Feldzug gerüstet, unter anderm auch durch Beschaffung von Elefanten.

Als die Nachricht kam, vertraute Claudius seinem Mitkonsul Lucius Vitellius außer allem andern auch die Soldaten in Rom an (denn er hatte ihn ebenso wie sich selbst auf ein volles halbes Jahr zum Konsul gemacht), er selbst aber zog zum Feldzuge aus. Er fuhr zu Schiff nach Ostia und gelangte von da nach Massilia. Von dort ging es teils zu Fuß, teils auf den Flüssen weiter, bis er das Meer erreichte, dann setzte er nach Britannien über und vereinigte sich mit dem Heere, das ihn an der Themse erwartete. Er übernahm den Befehl, überschritt den Fluß, geriet in Kampf mit den Barbaren, die sich bei seinem

Καμουλόδουνον τὸ τοῦ Κυνοβελλίνου βασίλειον εἶλε. κἀκ τούτου συχνοὺς τοὺς μὲν ὁμολογίᾳ τοὺς δὲ καὶ βίᾳ προσαγαγόμενος αὐτοκράτωρ πολλάκις ἐπωνομάσθη παρὰ τὰ πάτρια (οὐ γὰρ ἔστιν ἑνὶ οὐδενὶ πλέον ἢ ἅπαξ ἐκ τοῦ αὐτοῦ πολέμου τὴν ἐπίκλησιν ταύτην λαβεῖν), καὶ τὰ ὅπλα αὐτῶν ἀφελόμενος ἐκείνους μὲν τῷ Πλαυτίῳ προσέταξεν, ἐντειλάμενός οἱ καὶ τὰ λοιπὰ προσκαταστρέψασθαι, αὐτὸς δὲ ἐς τὴν Ῥώμην ἠπείχθη, τὴν ἀγγελίαν τῆς νίκης διὰ τῶν γαμβρῶν, τοῦ τε Μάγνου καὶ τοῦ Σιλανοῦ, προπέμψας. μαθοῦσα δ᾽ ἡ γερουσία τὰ κατειργασμένα Βρεττανικόν τε αὐτὸν ἐπεκάλεσε καὶ τὰ ἐπινίκια αὐτῷ πέμψαι ἔδωκε. πανήγυρίν τε ἐτησίαν καὶ ἁψῖδας τροπαιοφόρους, τὴν μὲν ἐν τῇ πόλει τὴν δὲ ἐν τῇ Γαλατίᾳ, ὅθεν ἐς τὴν Βρεττανίαν ἐξαναχθεὶς ἐπεραιώθη, γενέσθαι ἐψηφίσαντο· τῷ τε υἱεῖ αὐτοῦ τὴν αὐτὴν ἐπωνυμίαν ἐπέθεσαν, ὥστε καὶ κυρίως τρόπον τινὰ Βρεττανικὸν αὐτὸν ὀνομασθῆναι, καὶ τῇ Μεσσαλίνῃ τὴν προεδρίαν ἣν καὶ ἡ Λιουία ἐσχήκει καὶ τὸ καρπέντῳ χρῆσθαι ἔδοσαν ...

Τῆς μὲν οὖν Βρεττανίας οὕτω τότε ἑάλω τινά· μετὰ δὲ ταῦτα, Γαΐου τε Κρίσπου τὸ δεύτερον καὶ Τίτου Στατιλίου ὑπατευόντων, ἦλθέ τε ἐς τὴν Ῥώμην ὁ Κλαύδιος ἓξ μῆνας ἀποδημήσας, ἀφ᾽ ὧν ἑκκαίδεκα μόνας ἐν τῇ Βρεττανίᾳ ἡμέρας ἐποίησε, καὶ τὰ νικητήρια ἔπεμψε, τά τε ἄλλα κατὰ τὸ νομιζόμενον πράξας καὶ τοὺς ἀναβασμοὺς τοὺς ἐν τῷ Καπιτωλίῳ τοῖς γόνασιν ἀναβάς, ἀναφερόντων αὐτὸν τῶν γαμβρῶν ἑκατέρωθεν.

Angriff zusammenrotteten, siegte in der Schlacht und eroberte Camulodunum, den Königssitz des Cunobellinus. Hierauf unterwarf er zahlreiche Stämme teils durch Übereinkunft, teils durch Gewalt, und erhielt gegen das Herkommen mehrmals die Bezeichnung Imperator – sonst kann nämlich niemand mehr als einmal in einem Kriege diese Bezeichnung erringen. Er entwaffnete diese Stämme und setzte Plautius zum Statthalter über sie ein mit dem Befehl, auch das übrige Land zu unterwerfen; er selbst aber eilte nach Rom, wohin er die Kunde vom Sieg schon durch seine Schwiegersöhne Magnus und Silanus vorausgesandt hatte. Als der Senat von dem Geschehenen hörte, verlieh er ihm den Beinamen Britannicus und die Ehre eines Triumphes. Man beschloß auch, alljährlich ein Fest zu veranstalten und zwei Triumphbogen zu errichten, einen in Rom, den anderen in Gallien, an der Stelle, wo er nach Britannien übergesetzt war; seinem Sohn gab man denselben Beinamen, ja er wurde sogar schlechthin Britannicus genannt, und seiner Gattin Messalina verlieh man den Vorsitz bei Versammlungen, den auch Livia gehabt hatte, und die Benutzung des Staatswagens ...

So wurde damals ein Teil Britanniens eingenommen; dann kam Claudius, als Gajus Crispus zum zweiten Male Konsul war und mit ihm Titus Statilius, nach sechsmonatiger Abwesenheit in Rom an. Nur sechzehn Tage davon war er in Britannien gewesen. Jetzt feierte er seinen Triumph, wobei er alles nach dem Brauch durchführte und außerdem noch die Stufen zum Kapitol auf den Knien hinaufrutschte, während ihn seine Schwiegersöhne auf beiden Seiten stützten.

POMPONIUS MELA, DE CHOROGRAPHIA
III 49–52

Britannia qualis sit qualesque progeneret mox certiora et magis explorata dicentur. quippe tamdiu clausam aperit ecce principum maximus, nec indomitarum modo ante se verum ignotarum quoque gentium victor propriarum rerum fidem ut bello affectavit, ita triumpho declaraturus portat. ceterum ut adhuc habuimus inter septentrionem occidentemque proiecta grandi angulo Rheni ostia prospicit, dein obliqua retro latera abstrahit, altero Galliam altero Germaniam spectans, tum rursus perpetuo margine directi litoris ab tergore abducta iterum se in diversos angulos cuneat triquetra et Siciliae maxime similis, plana, ingens, fecunda, verum iis quae pecora quam homines benignius alant. fert nemora saltusque ac praegrandia flumina alternis motibus modo in pelagus modo retro fluentia et quaedam gemmas margaritasque generantia. fert populos regesque populorum, sed sunt inculti omnes, atque ut longius a continenti absunt ita magis aliarum opum ignari, tantum pecore ac finibus dites, incertum ob decorem an quid aliud vitro corpora infecti. causas tamen bellorum et bella contrahunt ac se frequenter invicem infestant, maxime imperitandi cupidine studioque ea prolatandi quae possident. dimicant non equitatu modo aut pedite, verum et bigis et curribus Gallice armatis: covinnos vocant, quorum falcatis axibus utuntur.

POMPONIUS MELA, DE CHOROGRAPHIA
III 49–52

Welcher Art Britannien ist und was für Menschen es
hervorbringt, wird sich bald bestimmter und klarer sagen
lassen. Denn nach langer Abgeschlossenheit eröffnet es
jetzt der größte unserer Kaiser, und wie er sich im Kriege
als Besieger nicht nur früher unbezwungener, sondern auch
unbekannter Völker bemüht hat, seinen Taten Glaub-
würdigkeit zu verschaffen, so bringt er uns jetzt ihre Be-
weise, um sie im Triumph zu offenbaren. Nach unserer
bisherigen Kunde jedoch dehnt es sich in nordwestlicher
Richtung aus und bildet der Rheinmündung gegenüber
einen großen Vorsprung; von dort ziehen sich seine Gestade, hier Gallien, dort Germanien zugewandt, schräg
zurück. Dann wieder erstreckt es sich auf der Rückseite in
ununterbrochen geradem Küstensaum und spitzt sich endlich noch einmal in Vorsprüngen verschiedener Richtung
keilförmig zu. Es ist dreieckig und Sizilien sehr ähnlich,
eben, gewaltig ausgedehnt und fruchtbar, hierin freilich
vorteilhafter für die Ernährung des Viehes als die der
Menschen. Es enthält kleine und große Wälder und mächtige Ströme, die in wechselnder Bewegung bald ins Meer,
bald rückwärts fließen und zum Teil Edelsteine und Perlen
mit sich führen. Es enthält Völker und ihre Könige, aber
alle sind ungebildet und, je weiter vom Festland entfernt,
um so weniger vertraut mit fremdem Wohlstand. Nur
Vieh und Grundbesitz bilden ihren Reichtum. Sie färben
sich mit Waid, vielleicht zur Zierde, vielleicht aus anderm
Grunde. Aber Anlässen zum Kriege und dem Kriege selbst
weichen sie nicht aus, sondern bekämpfen sich häufig

TACITUS, ANNALES XII 31–40

At in Britannia Publium Ostorium pro praetore turbi-
dae res excepere, effusis in agrum sociorum hostibus eo
violentius, quod novum ducem exercitu ignoto et coepta
hieme iturum obviam non rebantur. ille gnarus primis eventibus metum aut fiduciam gigni, citas cohortes rapit et
caesis qui restiterant, disiectos consectatus, ne rursus con-
globarentur infensaque et infida pax non duci, non militi re-
quiem permitteret, detrahere arma suspectis cunctaque castris Avonam inter et Sabrinam fluvios cohibere parat. quod
primi Iceni abnuere, valida gens nec proeliis contusi, quia
societatem nostram volentes accesserant. hisque auctoribus
circumiectae nationes locum pugnae delegere saeptum
agresti aggere et aditu angusto, ne pervius equiti foret. ea
munimenta dux Romanus, quamquam sine robore legionum sociales copias ducebat, perrumpere aggreditur et
distributis cohortibus turmas quoque peditum ad munia
accingit. tunc dato signo perfringunt aggerem suisque
claustris impeditos turbant. atque illi conscientia rebellionis
et obsaeptis effugiis multa et clara facinora fecere. qua
pugna filius legati Marcus Ostorius servati civis decus
meruit.

gegenseitig, besonders aus Herrschsucht und in dem Wunsch, ihren Besitz zu erweitern. Sie kämpfen nicht nur zu Pferde oder zu Fuß, sondern auch auf Zweigespannen und gallisch bewaffneten Wagen; sie nennen sie Streitwagen. Die Achsen sind mit Sicheln versehen.

TACITUS, ANNALES XII 31-40

Aber in Britannien empfingen Wirren den Proprätor Publius Ostorius. Denn die Gegner überfielen das Land der römischen Verbündeten besonders gewalttätig, weil sie meinten, der neue Feldherr werde ihnen, ohne sein Heer schon zu kennen, bei Beginn des Winters nicht entgegentreten. Aber Ostorius wußte, daß erste Erfolge Furcht oder Zuversicht begründen. Darum machte er sich mit schnellen Kohorten eilends auf, schlug jeden Widerstand blutig nieder und verfolgte die Zersprengten, denn sie sollten sich nicht wieder vereinigen, und kein gefährlicher, unsicherer Friede sollte Führer und Heer um ihre Ruhe bringen. So ging er daran, die Verdächtigen zu entwaffnen und alles Land zwischen den Flüssen Avon und Severn durch ein Lager unter Aufsicht zu halten. Dem widersetzte sich zuerst der mächtige Stamm der Icener. Er war durch Schlachten noch nicht geschwächt, denn er hatte freiwillig ein Bündnis mit uns geschlossen. Auf seine Anregung hin wählten die umliegenden Völkerschaften einen Kampfplatz aus mit kunstloser Umwallung und schmalem Zugang, damit Reiter nicht durchkämen. Obwohl der römische Feldherr nur Verbündete ohne die Kerntruppen der Legionen führte, versuchte er dies Bollwerk zu durchbrechen und ver-

Ceterum clade Icenorum compositi qui bellum inter et pacem dubitabant, et ductus in Ceangos exercitus. vastati agri, praedae passim actae, non ausis aciem hostibus, vel si ex occulto carpere agmen temptarent, punito dolo. iamque ventum haud procul mari, quod Hiberniam insulam aspectat, cum ortae apud Brigantas discordiae retraxere ducem destinationis certum, ne nova moliretur nisi prioribus firmatis. et Brigantes quidem, paucis qui arma coeptabant interfectis, in reliquos data venia, resedere: Silurum gens non atrocitate, non clementia mutabatur, quin bellum exerceret castrisque legionum premenda foret. id quo promptius veniret, colonia Camulodunum valida veteranorum manu deducitur in agros captivos, subsidium adversus rebelles et imbuendis sociis ad officia legum.

Itum inde in Siluras, super propriam ferociam Carataci viribus confisos, quem multa ambigua, multa prospera ex-

wendete nach Verteilung der Kohorten auch Schwadronen zu dieser Tätigkeit des Fußvolkes. Dann durchstießen sie auf ein Zeichen den Wall und störten den Gegner auf, dem die eigene Befestigung zum Hindernis wurde; trotzdem vollbrachte er, in klarer Erkenntnis der Folgen seiner Empörung und an der Flucht verhindert, manche Heldentat. In diesem Kampf errang Markus Ostorius, der Sohn des Legaten, eine Auszeichnung für die Rettung eines Bürgers.

Die Niederlage der Icener schlug alle nieder, die noch zwischen Krieg und Frieden schwankten, und das Heer rückte in das Gebiet der Ceanger ein. Man verwüstete die Felder und machte überall Beute. Die Feinde wagten keinen offenen Kampf. Wo sie versuchten, die marschierende Truppe hinterrücks zu schwächen, rächte sich ihre Heimtücke. Schon hatte man das Meer gegenüber der Insel Hibernien fast erreicht, da zwangen Mißhelligkeiten bei den Briganten den Feldherrn zur Umkehr, denn sein Entschluß stand fest, nur auf gesicherter Grundlage an die Ausführung neuer Pläne zu gehen. Zwar beruhigten sich die Briganten, nachdem einige, die zu den Waffen griffen, getötet waren und die übrigen Verzeihung erhalten hatten. Aber die Silurer konnte weder Grausamkeit noch Milde umstimmen; sie bekriegten uns, und das Legionslager mußte sie niederzwingen. Um dies rascher zu erreichen, wurde in Camulodunum auf dem Grund und Boden von Gefangenen eine Bürgerstadt mit einer starken Schar altgedienter Soldaten begründet, als Schutz gegen die Aufrührer und um die Verbündeten mit den gesetzlichen Pflichten vertraut zu machen.

Dann begann der Zug gegen die Silurer. Sie bauten noch mehr als auf ihre angeborene Wildheit auf die Fähigkeiten

tulerant, ut ceteros Britannorum imperatores praemineret. sed tum astu locorum fraude prior, vi militum inferior, transfert bellum in Ordovicas, additisque qui pacem nostram metuebant, novissimum casum experitur, sumpto ad proelium loco, ut aditus abscessus, cuncta nobis importuna et suis in melius essent, hinc montibus arduis, et si qua clementer accedi poterant, in modum valli saxa praestruit; et praefluebat amnis vado incerto, catervaeque armatorum pro munimentis constiterant. ad hoc gentium ductores circumire hortari, firmare animos minuendo metu, accendenda spe aliisque belli incitamentis. enimvero Caratacus huc illuc volitans illum diem, illam aciem testabatur aut recuperandae libertatis aut servitutis aeternae initium fore; vocabatque nomina maiorum, qui dictatorem Caesarem pepulissent, quorum virtute vacui a securibus et tributis intemerata coniugum et liberorum corpora retinerent. haec atque talia dicenti adstrepere vulgus; gentili quisque religione obstringi, non telis, non vulneribus cessuros.

Obstupefecit ea alacritas ducem Romanum; simul obiectus amnis, additum vallum, imminentia iuga, nihil nisi atrox et propugnatoribus frequens terrebat. sed miles proe-

des Caratacus. Ihn hatten Wechselfälle und Glück so hoch
emporgehoben, daß er alle Feldherren Britanniens über-
ragte. Damals beruhte seine Überlegenheit in der Kriegslist auf Kenntnis des trügerischen Geländes, nicht aber
auf Heeresmacht. So verlegte er den Krieg ins Land der
Ordoviker, zog alle an sich, die sich vor unserm Frieden
fürchteten, und versuchte eine letzte Gelegenheit aus-
zunutzen. Er wählte ein Schlachtfeld von der Art, daß An-
und Abmarsch, kurz alles unsern Truppen nachteilig und
den Seinigen förderlich war. Auf einer Seite ragten steile
Berge empor; wo aber der Zugang unbeschwerlich war,
da richtete er einen Schutzwall aus Felsen auf. Auch zog
ein Fluß ohne erkennbare Furt an dem Orte vorbei, und
auf den Festungswerken hatten sich bewaffnete Scharen
aufgestellt. Außerdem gingen die Stammesfürsten umher,
sprachen Mut zu und stärkten die Herzen durch Abschwä-
chung der Schrecken, Erweckung von Hoffnung und andere
Reizmittel zum Kriege. Vor allem Caratacus eilte bald hier-
hin, bald dorthin und beteuerte, dieser Tag und diese
Schlacht werde der Beginn neu errungener Freiheit oder
ewiger Knechtschaft sein. Er rief die Ahnen mit Namen,
die den Diktator Caesar vertrieben hätten und durch deren
Mannesmut sie selbst vor Henkersbeil und Abgaben, ihre
Frauen und Kinder vor Schändung bewahrt geblieben
seien. Bei solchen und ähnlichen Worten brach die Menge
in Beifall aus; ein jeder erklärte, er fühle sich durch den
Glauben seines Stammes verpflichtet und sein Mut werde
weder Waffen noch Wunden erliegen.

Diese Freudigkeit machte den römischen Feldherrn be-
troffen; auch erschreckte ihn das Hindernis des Flusses,
der neue Wall, die ragenden Berge, im ganzen ein grausiges,

lium poscere, cuncta virtute expugnabilia clamitare; prae-
fectique et tribuni paria disserentes ardorem exercitus in-
tendebant. tum Ostorius, circumspectis quae impenetrabilia
quaeque pervia, ducit infensos amnemque haud difficulter
evadit. ubi ventum ad aggerem, dum missilibus certabatur,
plus vulnerum in nos et pleraeque caedes oriebantur: postquam facta testudine rudes et informes saxorum compages
distractae parque comminus acies, decedere barbari in iuga
montium. sed eo quoque irrupere ferentarius gravisque
miles, illi telis assultantes, hi conferto gradu, turbatis contra Britannorum ordinibus, apud quos nulla loricarum ga-
learumve tegmina; et si auxiliaribus resisterent, gladiis ac
pilis legionariorum, si huc verterent, spathis et hastis auxiliarium sternebantur. clara ea victoria fuit, captaque uxor
et filia Carataci fratresque in deditionem accepti.

Ipse, ut ferme intuta sunt adversa, cum fidem Carti-
manduae reginae Brigantum petivisset, vinctus ac victoribus traditus est, nono post anno, quam bellum in Britannia coeptum. unde fama eius evecta insulam et proximas
provincias pervagata per Italiam quoque celebrabatur, ave-
bantque visere, quis ille tot per annos opes nostras spre-
visset. ne Romae quidem ignobile Carataci nomen erat;
et Caesar, dum suum decus extollit, addidit gloriam victo.

von Streitern erfülltes Bild. Aber die Soldaten verlangten
nach Kampf und riefen laut, echte Männer könnten alles erobern. Präfekten und Tribunen führten die gleichen Reden
und schürten noch das Feuer der Truppen. Da ließ Ostorius die unwegsamen und die gangbaren Stellen auskund-
schaften, dann übernahm er die Führung der Aufgebrachten
und umging den Fluß ohne Schwierigkeiten. Nach der
Ankunft am Damm gab es bei einem Kampf mit Schuß-
waffen mehr Verwundungen auf unserer Seite und recht
viele Tote; dann aber bildeten die Soldaten ein Schutz-
dach aus Schilden, rissen das rohe, ungestalte Steingefüge
auseinander, und ein Nahkampf unter gleichen Bedingungen
begann. Da zogen sich die Barbaren auf die Höhen der
Berge zurück. Aber auch dort drangen Wurfschützen und
Schwerbewaffnete ein, jene mit ihren Waffen anstürmend,
diese in geschlossenem Zuge. Dagegen gerieten die Britannier in Unordnung, denn sie hatten keinen Schutz durch
Riemenpanzer oder Helme, und wenn sie den Hilfsvölkern
Widerstand leisteten, streckten Schwerter und Spieße der
Legionäre sie zu Boden, wenn sie sich aber gegen diese
wandten, Säbel und Lanzen der Hilfsvölker. Glänzend war
der Sieg; Gattin und Tochter des Caratacus wurden gefangen, und seine Brüder ergaben sich.

Caratacus selbst bat Cartimandua, die Königin der Briganten, um Schutz. Wie aber fast immer Unglück ein
schlechter Schutz ist, so wurde er dort gefesselt und den
Siegern ausgeliefert, acht Jahre nach dem Beginn des
Krieges in Britannien. Daher drang sein Ruhm bald über
seine Insel hinaus, durchzog die anschließenden Provinzen
und ging auch in Italien von Mund zu Mund. Man wünschte
den Mann zu sehen, der so lange unserer Macht gespottet

vocatus quippe ut ad insigne spectaculum populus; stetere in armis praetoriae cohortes campo, qui castra praeiacet. tunc incedentibus regiis clientulis phalerae torques quaeque bellis externis quaesiverat traducta, mox fratres et coniux et filia, postremo ipse ostentatus. ceterorum preces degeneres fuere ex metu: at non Caratacus aut vultu demisso aut verbis misericordiam requirens, ubi tribunali astitit, in hunc modum locutus est:

'Si quanta nobilitas et fortuna mihi fuit, tanta rerum prosperarum moderatio fuisset, amicus potius in hanc urbem quam captus venissem, neque dedignatus esses claris maioribus ortum, plurimis gentibus imperitantem foedere et pace accipere. praesens sors mea, ut mihi informis, sic tibi magnifica est. habui equos viros, arma opes: quid mirum, si haec invitus amisi? nam si vos omnibus imperitare vultis, sequitur, ut omnes servitutem accipiant? si statim deditus traherer, neque mea fortuna neque tua gloria inclaruisset; et supplicium mei oblivio sequeretur: at si incolumem servaveris, aeternum exemplar clementiae ero.'

Ad ea Caesar veniam ipsique et coniugi et fratribus tribuit. atque illi vinclis absoluti Agrippinam quoque, haud

hatte. Auch in Rom blieb sein Name nicht unberühmt, und indem der Kaiser seine eigene Ehre erhob, verlieh er auch dem Besiegten Glanz. Denn man berief das Volk wie zu einem hervorragenden Schauspiel; gewaffnet standen die Prätorianerkohorten auf dem Platz vor ihrer Kaserne. Dann ließ man geringe Hörige des Königs vorbeiziehen, führte seinen Brustschmuck, seine Halskette und seine Beute aus ausländischen Kriegen vorüber, dann seine Brüder, seine Gattin und seine Tochter, zuletzt ließ man ihn selbst auftreten. Die Bitten der andern wirkten wegen ihrer Angst kläglich; nur Caratacus senkte den Blick nicht noch warb er in Worten um Mitleid. Er trat auf die Bühne und sprach etwa folgendes:

„Hätte ich Mäßigung im Glück ebenso besessen wie Adel und hohe Stellung, dann wäre ich als Freund und nicht als Gefangener in diese Stadt gekommen, und du würdest es nicht von dir gewiesen haben, dich mit einem Manne von ruhmvoller Abkunft, dem Führer zahlreicher Stämme, friedlich zu verbünden. Mein jetziges Schicksal ist so herrlich für dich wie abscheulich für mich. Pferde und Männer, Waffen und Reichtum habe ich besessen; was Wunder, wenn ich sie ungern verloren habe? Denn wenn ihr jedermann beherrschen wollt, folgt daraus etwa auch, daß jedermann sich der Knechtschaft fügt? Hätte ich mich sofort ergeben und würde dann hierher geschleppt, so würde dadurch weder mein Ansehen noch dein Ruhm an Glanz gewinnen, und Vergessenheit meiner Hinrichtung folgen. Aber wenn du mich unverletzt leben läßt, so werde ich immerdar ein Beispiel für deine Milde sein."

Hierauf gewährte der Kaiser ihm, seiner Gattin und seinen Brüdern Verzeihung. Man löste ihre Bande. Dann

procul alio suggestu conspicuam, isdem quibus principem
laudibus gratibusque venerati sunt. novum sane et moribus
veterum insolitum, feminam signis Romanis praesidere:
ipsa semet parti a maioribus suis imperii sociam ferebat.

Vocati posthac patres multa et magnifica sup er captivitate
Carataci disseruere, neque minus id clarum, quam quod
Syphacem Publius Scipio, Persen Lucius Paulus, et si qui alii
vinctos reges populo Romano ostendere. censentur Ostorio
triumphi insignia, prosperis ad id rebus eius, mox ambi-
guis, sive amoto Carataco, quasi debellatum foret, minus
intenta apud nos militia fuit, sive hostes miseratione tanti
regis acrius ad ultionem exarsere. praefectum castrorum et
legionarias cohortes extruendis apud Siluras praesidiis re-
lictas circumfundunt. ac ni cito nuntiis e castellis proximis
missis subventum foret copiarum obsidioni, occubuissent:
praefectus tamen et octo centuriones ac promptissimus
quisque e manipulis cecidere. nec multo post pabulantis
nostros ipsos missasque ad subsidium turmas profligant.
tum Ostorius cohortes expeditas opposuit; nec ideo fugam sistebat, ni legiones proelium excepissent: earum robore aequata pugna, dein nobis pro meliore fuit. effugere
hostes tenui damno, quia inclinabat dies. crebra hinc proelia, et saepius in modum latrocinii per saltus per paludes,
ut cuique sors aut virtus, temere proviso, ob iram ob prae-
dam, iussu et aliquando ignaris ducibus. ac praecipua Silurum pervicacia, quos accendebat vulgata imperatoris
Romani vox, ut quondam Sugambri excisi aut in Gallias
traiecti forent, ita Silurum nomen penitus extinguendum.

sprachen sie auch Agrippina, die ebenfalls auf erhöhtem Sitz in der Nähe zu sehen war, mit gleichen Worten wie dem Kaiser Lob und Dank aus. Es war eine ganz neue und den Sitten der Vorfahren widersprechende Erscheinung, daß eine Frau unter römischen Waffen den Vorsitz führte. Sie selbst betrachtete sich als Teilhaberin der Herrschaft ihrer Ahnen.

Der Senat wurde hierauf einberufen und erörterte breit und in glanzvollen Worten die Gefangenschaft des Caratacus. Dies Ereignis sei ebenso ruhmreich, wie daß Publius Scipio den Syphax, Lucius Paulus den Perseus, und andere Feldherrn andere Könige dem römischen Volk in Fesseln vorgeführt hätten. Dem Ostorius wurden die Abzeichen eines Triumphators zuerkannt. Er hatte bis dahin Glück gehabt; jetzt wurde es unbeständig, vielleicht weil unsere Soldaten sich nach der Entfernung des Caratacus weniger anstrengten, als ob der Krieg schon entschieden sei, vielleicht auch weil bei den Feinden aus Mitleid mit einem so großen König die Rachsucht noch lebhafter aufloderte. Sie umzingelten einen Lagerpräfekten und Kohorten von Legionen, die zur Errichtung von Festungen bei den Silurern zurückgeblieben' waren. Wären nicht schleunigst Boten entsandt und den Belagerten aus den nächsten Befestigungen Entsatz geschickt worden, so wären sie erlegen; auch so fielen der Präfekt, acht Centurionen und die tapfersten Soldaten der Manipeln. Bald darauf schlugen sie unsere Truppen beim Futterholen und ebenso die zu ihrer Hilfe entsandten Schwadronen nieder. Da schickte Ostorius ihnen leicht bewaffnete Kohorten entgegen. Aber er konnte die Flucht erst hemmen, als die Legionen den Kampf übernahmen. Ihre Kraft glich die Schlacht aus und wandte sie

igitur duas auxiliares cohortes avaritia praefectorum incautius populantes intercepere; spoliaque et captivos largiendo ceteras quoque nationes ad defectionem trahebant, cum taedio curarum fessus Ostorius concessit vita, laetis hostibus, tamquam ducem haud spernendum etsi non proelium, at certe bellum absumpsisset.

At Caesar cognita morte legati, ne provincia sine rectore foret, Aulum Didium suffecit. is propere vectus non tamen integras res invenit, adversa interim legionis pugna, cui Manlius Valens praeerat; auctaque et apud hostes eius rei fama, quo venientem ducem exterrerent, atque illo augente audita, ut maior laus compositis et, si duravissent, venia iustior tribueretur. Silures id quoque damnum intulerant, lateque persultabant, donec accursu Didii pellerentur. sed post captum Caratacum praecipuus scientia rei militaris Venutius, e Brigantum civitate, ut supra memoravi, fidusque diu et Romanis armis defensus, cum Cartimanduam reginam matrimonio teneret: mox orto discidio et statim

alsdann zu unserem Vorteil. Die Feinde flohen, nur leicht geschwächt, weil der Tag sich schon neigte. Hierauf kam es häufig zu Gefechten und öfter noch zu räuberischen Überfällen in Wäldern und Sümpfen, wie Zufall oder Mut es gestatteten; ohne Vorbereitung oder mit Überlegung, aus Wut oder Beutegier; auf Befehl, gelegentlich aber auch ohne Kenntnis der Führer. Die Unbeugsamkeit der Silurer war besonders groß, denn sie erbitterte ein Wort des römischen Feldherrn, das umlief: man müsse die Silurer mit Stumpf und Stiel ausrotten, so wie einst die Sugambrer vernichtet oder nach Gallien überführt worden seien. So nahmen sie denn auch zwei Kohorten verbündeter Truppen, die infolge der Habsucht der Präfekten allzu unvorsichtig auf Raub ausgingen, gefangen. Dadurch daß sie ihre Beute und die Gefangenen verschenkten, suchten sie auch andere Stämme in ihren Abfall hineinzuziehen. Da starb Ostorius, lebensüberdrüssig seiner Sorgen wegen. Die Feinde waren froh, als hätte diesen unverächtlichen Feldherrn zwar nicht eine Schlacht, aber doch der Krieg umgebracht.

Der Kaiser bestimmte auf die Kunde vom Tode des Legaten den Aulus Didius zum Nachfolger, denn er wollte die Provinz nicht ohne Oberhaupt lassen. Dieser fand trotz eiliger Überfahrt eine gefährliche Lage vor. Die von Manlius Valens befehligte Legion hatte inzwischen eine Schlacht verloren. Der Ruhm dieses Ereignisses wurde bei den Feinden noch gesteigert, um den Feldherrn gleich bei seiner Ankunft zu erschrecken, und auch Didius steigerte noch die Gerüchte, um nach Beendigung der Kämpfe um so größeren Ruhm und bei längerer Dauer gerechtere Verzeihung zu erlangen. Auch diese Niederlage hatten die Silurer veranlaßt. Sie schwärmten weit und breit umher,

bello etiam adversus nos hostilia induerat. sed primo
tantum inter ipsos certabatur, callidisque Cartimandua artibus fratrem ac propinquos Venutii intercepit. inde accensi
hostes, stimulante ignominia, ne feminae imperio sub-
derentur, valida et lecta armis iuventus regnum eius in-
vadunt. quod nobis praevisum, et missae auxilio cohortes
acre proelium fecere, cuius initio ambiguo finis laetior fuit.
neque dispari eventu pugnatum a legione, cui Caesius
Nasica praeerat; nam Didius, senectute gravis et multa
copia honorum, per ministros agere et arcere hostem satis
habebat. haec, quamquam a duobus pro praetoribus plures
per annos gesta, coniunxi, ne divisa haud perinde ad memoriam sui valerent; ad temporum ordinem redeo.

bis ein stürmischer Angriff des Didius sie vertrieb. Seit der
Gefangennahme des Caratacus war auf der Gegenseite Venutius der beste Kenner der Kriegskunst. Er stammte, wie
ich schon erwähnt habe, aus dem Stamme der Briganten.
Lange blieb er treu und beschützt von römischen Waffen,
da er mit der Königin Cartimandua verheiratet war. Später
entzweite er sich mit ihr und geriet auch sogleich mit ihr
in einen Krieg. Da nahm er auch gegen uns eine feindliche
Haltung ein. Aber zuerst spielte sich der Kampf nur zwischen Britanniern ab, und Cartimandua gelang es durch
schlaue Ränke, den Bruder und andere Verwandte des
Venutius gefangenzunehmen. Das empörte ihre Gegner,
die außerdem noch der Schimpf aufreizte, sie könnten sich
dem Befehle einer Frau fügen. Eine starke und ausgezeichnet bewaffnete junge Mannschaft drang daher in ihr König-
reich ein. Dies hatten wir vorausgesehen und Kohorten
zu Hilfe geschickt. Diese lieferten ein heißes Gefecht mit
gefährlichem Anfang, aber erfreulicherem Ende. Mit demselben Erfolg kämpfte eine Legion unter Caesius Nasica,
denn Didius war es unter der schweren Last des Alters
und der Ehren zufrieden, durch seine Untergebenen zu
handeln und den Gegner abzuwehren. Obwohl sich diese
Tatsachen unter der Leitung zweier Proprätoren im Laufe
mehrerer Jahre zugetragen haben, habe ich sie doch im
Zusammenhang erzählt, weil sie sich einzeln nicht so gut
einprägen würden; jetzt kehre ich zur strengen Zeitfolge
zurück.

RÜCKSCHLÄGE ZUR ZEIT DES NERO
UND DES VITELLIUS

Schwere Niederlage unter dem Konsulat des Caesennius
Paetus und Petronius Turpilianus. Eroberung der Insel
Mona (Anglesey) unter Suetonius. Abfall der Provinz.
Flucht des Prokurators Catus nach Gallien. Suetonius gibt
Londinium (London) und Verulamium (St. Albans) preis.
Schlacht am Engpaß. Kampfreden der Boudicca und des
Suetonius. Sieg der Römer. Truppennachschub aus Ger-
manien. Verwüstung der Gebiete feindlicher Stämme. Hun-
gersnot bei den Britanniern. Zwistigkeiten wegen des Ober-
befehls. – Trennung des Britanniers Venutius von seiner
Gattin Cartimandua, die sich unter den Schutz der Römer
begibt. Venutius behauptet sein Reich.

TACITUS, ANNALES XIV 29-39

Caesennio Paeto et Petronio Turpiliano consulibus gravis clades in Britannia accepta, in qua neque Aulus Didius legatus, ut memoravi, nisi parta retinuerat, et successor Veranius modicis excursibus Siluras populatus, quin ultra bellum proferret, morte prohibitus est, magna, dum vixit, severitatis fama, supremis testamenti verbis ambitionis manifestus: quippe multa in Neronem adulatione addidit subiecturum ei provinciam fuisse, si biennio proximo vixisset. sed tum Paulinus Suetonius obtinebat Britannos, scientia militiae et rumore populi, qui neminem sine aemulo sinit, Corbulonis concertator, receptaeque Armeniae decus aequare domitis perduellibus cupiens. igitur Monam insulam, incolis validam et receptaculum perfugarum, aggredi parat navesque fabricatur plano alveo adversus breve et incertum. sic pedes; equites vado secuti aut altiores inter undas adnantes equis tramisere. stabat pro litore diversa acies, densa armis virisque, intercursantibus feminis; in modum Furiarum veste ferali, crinibus deiectis faces praeferebant; Druidaeque circum, preces, diras sublatis ad caelum manibus fundentes, novitate aspectus perculere militem, ut quasi haerentibus membris immobile corpus vulneribus praeberent. dein cohortationibus ducis et se ipsi stimulantes, ne muliebre et fanaticum agmen pavescerent, inferunt signa sternuntque obvios et igni suo in-

TACITUS, ANNALES XIV, 29-39

Unter dem Konsulat des Caesennius Paetus und Petronius Turpilianus ereignete sich eine schwere Niederlage in Britannien. Dort hatte der Legat Aulus Didius, wie ich erzählt habe, nur die früheren Eroberungen gehalten und sein Nachfolger Veranius in wenig bedeutenden Unternehmungen das Land der Silurer verheert. An einer Erweiterung des Krieges hinderte ihn sein Tod. Zu Lebzeiten galt er als sehr streng; seine letzte Äußerung, das Testament, erwies ihn als ehrgeizig, denn neben vielen an Nero gerichteten Schmeicheleien schrieb er, er würde ihm die Provinz unterworfen haben, wenn er zwei Jahre länger gelebt hätte. Aber damals gebot Paulinus Suetonius über Britannien, in seiner Kriegskunst wie auch nach dem Gerede des Volkes, das niemanden ohne Nebenbuhler läßt, ein Rivale des Corbulo; er wünschte der Ruhmestat dieses Mannes, der Wiedergewinnung Armeniens, durch Bezwingung seiner Gegner gleichzukommen. Daher rüstete er sich zu einem Angriff auf die Insel Mona, die dicht besiedelt und eine Sammelstätte aller Flüchtlinge war, und ließ zum Schutze vor seichtem Wasser und Untiefen Schiffe mit flachem Rumpf bauen. So gelangte das Fußvolk ans Ziel; die Reiterei folgte mit Hilfe einer Furt oder schwamm im tieferen Wasser neben ihren Pferden hinüber. Am Uferrand stand die feindliche Schlachtordnung, ein Gedränge von Waffen und Männern, dazwischen liefen Frauen einher. Im Trauergewand nach Furienart und mit wallendem Haar trugen sie Fackeln dem Heere voran. Überall zeigten sich Druiden, die die Arme zum Himmel emporstreckten und Gebete und Verwünschungen hören ließen. Dieser

volvunt. praesidium posthac impositum victis excisique luci saevis superstitionibus sacri: nam cruore captivo adolere aras et hominum fibris consulere deos fas habebant. haec agenti Suetonio repentina defectio provinciae nuntiatur.

Rex Icenorum Prasutagus, longa opulentia clarus, Caesarem heredem duasque filias scripserat, tali obsequio ratus regnumque et domum suam procul iniuria fore. quod contra vertit, adeo ut regnum per centuriones, domus per servos velut capta vastarentur. iam primum uxor eius Boudicca verberibus affecta et filiae stupro violatae sunt; praecipui quique Icenorum, quasi cunctam regionem muneri accepissent, avitis bonis exuuntur, et propinqui regis inter mancipia habebantur. qua contumelia et metu graviorum, quando in formam provinciae cesserant, rapiunt arma, commotis ad rebellationem Trinovantibus et qui alii nondum servitio fracti resumere libertatem occultis coniurationibus pepigerant, acerrimo in veteranos odio. quippe in coloniam Camulodunum recens deducti pellebant domibus, exturbabant agris, captivos, servos appellando, foventibus impotentiam veteranorum militibus similitudine vitae et spe

neuartige Anblick erschütterte die Soldaten; als ob ihre
Arme keine Kraft hätten, boten sie ihren Körper regungs-
los den Verwundungen dar. Aber bald griffen sie an, gehorsam den Befehlen ihres Feldherrn, und ermunterten
auch sich selbst, ein Heer von Weibern und Rasenden nicht
zu fürchten. Wer ihnen entgegentrat, den schlugen sie
nieder und hüllten ihn in das Feuer seiner Fackeln ein.
Den Besiegten wurde eine Besatzung ins Land gelegt.
Man fällte Haine, die einem grausamen Aberglauben ge-
weiht gewesen waren, denn sie hatten den Brauch, mit
dem Blut der Gefangenen ihre Altäre zu bestreichen und
mit Hilfe menschlicher Eingeweide die Götter zu befragen.
Als Suetonius noch mit diesen Dingen beschäftigt war,
erhielt er die Meldung von dem plötzlichen Abfall der
Provinz.

Prasutagus, der König der Icener, ein durch großen
Reichtum berühmter Mann, hatte zu Erben den Kaiser
und zwei seiner Töchter eingesetzt, in der Meinung, durch
solches Entgegenkommen Reich und Haus vor Unbill zu
bewahren. Aber das Gegenteil trat ein; sein Reich verheerten Centurionen und sein Haus Sklaven, als ob es erobert sei. Schon zu Beginn hatte man seine Gattin Boudicca durch Schläge mißhandelt und seine Töchter ver-
gewaltigt. Die allervornehmsten Icener wurden ihrer er-
erbten Güter beraubt, als ob sie ihr ganzes Land nur aus
Gefälligkeit erhalten hätten, und die Verwandten des
Königs wie Sklaven behandelt. Wegen dieser Schande und
aus Furcht vor Verschlimmerung, wenn ihr Land erst
Provinz geworden sei, griffen sie zu den Waffen. Sie hatten
auch die Trinovanten zum Aufruhr veranlaßt und alle, die
sonst, ohne schon der Knechtschaft erlegen zu sein, sich

eiusdem licentiae. ad hoc templum Divo Claudio constitutum quasi arx aeternae dominationis aspiciebatur, delectique sacerdotes specie religionis omnis fortunas effundebant. nec arduum videbatur excindere coloniam nullis munimentis saeptam; quod ducibus nostris parum provisum
erat, dum amoenitati prius quam usui consulitur.

Inter quae nulla palam causa delapsum Camuloduni
simulacrum Victoriae ac retro conversum, quasi cederet
hostibus. et feminae in furorem turbatae adesse exitium
canebant, externosque fremitus in curia eorum auditos,
consonuisse ululatibus theatrum visamque speciem in aestuario Tamesae subversae coloniae; iam Oceanus cruento
aspectu, dilabente aestu humanorum corporum effigies relictae, ut Britannis ad spem, ita veteranis ad metum trahebantur. sed quia procul Suetonius aberat, petivere a Cato
Deciano procuratore auxilium. ille haud amplius quam
ducentos sine iustis armis misit; et inerat modica militum
manus. tutela templi freti, et impedientibus qui occulti
rebellionis conscii consilia turbabant, neque fossam aut
vallum praeduxerunt, neque motis senibus et feminis iuven

in geheimen Verschwörungen verpflichtet hatten, die Freiheit wiederzugewinnen. Besonders erbittert war ihr Haß
auf die Veteranen. Denn diese waren erst vor kurzem in
der Kolonie Camulodunum angesiedelt, wo sie die Einwohner aus ihren Häusern vertrieben, von den Feldern
aufstörten und als Gefangene und Sklaven beschimpften.
Die Soldaten förderten noch die Maßlosigkeit der Veteranen, da sie ein ähnliches Leben führten und auf die
gleichen Freiheiten in späterer Zeit hofften. Außerdem be-
trachteten die Unterworfenen den dem Divus Claudius er-
richteten Tempel gleichsam als Zwingburg ewiger Tyrannei,
denn die erwählten Priester verschleuderten unter dem
Vorwand gottesdienstlicher Verpflichtung ihrer aller Vermögen. Es schien auch nicht schwierig, die Kolonie zu
zerstören, da keine Befestigung sie umgab. Hierin hatten
unsere Feldherrn allzu unvorsichtig gehandelt. Man hatte
mehr auf schöne Lage als auf Nutzen Wert gelegt.

In dieser Zeit stürzte das Standbild der Victoria in
Camulodunum ohne ersichtlichen Grund von seinem Posta-
ment und drehte sich im Fall um, als weiche es vor den
Feinden. Da verkündeten Frauen in einer an Raserei grenzen-
den Erregung, die Stunde des Verderbens sei gekommen;
im Rathause der Stadt habe man ein Gerede in fremder
Sprache vernommen, im Theater sei Geheul erklungen und
in der Mündung der Themse die zerstörte Kolonie ge-
spenstisch sichtbar geworden. Sogar das Meer bot den
Anblick eines blutigen Schlachtfeldes, wo man bei Niedrig-
wasser menschliche Leichen liegen zu sehen glaubte; dies
erweckte Hoffnung bei den Barbaren, Furcht bei den Veteranen. Da Suetonius in der Ferne weilte, bat man den
Prokurator Catus Decianus um Hilfe. Er schickte nur zwei-

tus sola restitit: quasi media pace incauti multitudine barbarorum circumveniuntur. et cetera quidem impetu direpta
aut incensa sunt: templum, in quo se miles conglobaverat,
biduo obsessum expugnatumque. et victor Britannus Pe-
tilio Ceriali, legato legionis nonae, in subsidium adventanti
obvius fudit legionem, et quod peditum interfecit: Cerialis
cum equitibus evasit in castra et munimentis defensus est.
qua clade et odiis provinciae, quam avaritia eius in bellum
egerat, trepidus procurator Catus in Galliam transiit.

At Suetonius mira constantia medios inter hostes Londinium perrexit, cognomento quidem coloniae non insigne,
sed copia negotiatorum et commeatuum maxime celebre.
ibi ambiguus, an illam sedem bello deligeret, circumspecta
infrequentia militis, satisque magnis documentis temeri-
tatem Petilii coercitam, unius oppidi damno servare universa statuit. neque fletu et lacrimis auxilium eius orantium
flexus est, quin daret profectionis signum et comitantes in
partem agminis acciperet: si quos imbellis sexus aut fessa
aetas vel loci dulcedo attinuerat, ab hoste oppressi sunt.

hundert Soldaten mit ungenügender Bewaffnung; die bereits vorhandene Truppe war auch nur gering. Sie hatten im Vertrauen auf den Schutz des Tempels und gehindert von denen, die insgeheim als Mitwisser des Aufruhrs ihre Pläne zu vereiteln suchten, weder Graben noch Wall gezogen. Alte Männer und Frauen waren auch nicht etwa entfernt, so daß allein die junge Mannschaft sich zur Wehr gesetzt hätte; unvorsichtig wie im tiefsten Frieden sahen sie sich plötzlich von einer großen Anzahl Barbaren umzingelt. Während alles übrige im Sturm zerstört wurde und in Flammen aufging, eroberte man den Tempel, in dem die Soldaten sich zusammendrängten, erst nach zweitägiger Belagerung. Nach diesem Siege zogen die Britannier dem Legaten der neunten Legion, Petilius Cerialis, der zu Hilfe erschien, entgegen, schlugen die Legion in die Flucht und vernichteten das gesamte Fußvolk. Cerialis entwich mit seinen Reitern ins Lager und konnte sich dort durch die Befestigung halten. Aus Angst vor dieser Niederlage und vor dem Haß der Provinz, die seine Habgier in den Krieg getrieben hatte, setzte der Prokurator Catus nach Gallien über.

Aber Suetonius rückte mit bewundernswertem Mut mitten durch die Feinde bis Londinium vor. Diese Stadt trug zwar nicht den Namen Kolonie, aber die Menge der dort ansässigen Händler und die Größe ihres Verkehrs machten sie besonders volkreich. Er war nach seiner Ankunft im Zweifel, ob er die Stadt zum Mittelpunkt des Krieges machen sollte. Mit Rücksicht auf die kleine Schar seiner Soldaten und auf die nachdrückliche Warnung, die den Wagemut des Petilius gedämpft hatte, beschloß er, durch Verlust dieser einen Stadt die Gesamtlage zu retten. Weder

eadem clades municipio Verulamio fuit, quia barbari omissis castellis praesidiisque militare horreum, quod uberrimum spolianti et defendentibus intutum, laeti praeda et laborum segnes petebant. ad septuaginta milia civium et sociorum iis quae memoravi locis cecidisse constitit. neque enim capere aut venumdare aliudve quod belli commercium, sed caedes patibula, ignes cruces, tamquam reddituri supplicium, at praerepta interim ultione, festinabant.

Iam Suetonio quarta decima legio cum vexillariis vicesimanis et e proximis auxiliares decem ferme milia armatorum erant, cum omittere cunctationem et congredi acie parat. deligitque locum artis faucibus et a tergo silva clausum, satis cognito nihil hostium nisi in fronte et apertam planitiem esse, sine metu insidiarum. igitur legionarius frequens ordinibus, levis circum armatura, conglobatus pro cornibus eques astitit. at Britannorum copiae passim per catervas et turmas exultabant, quanta non alias multitudo, et animo adeo feroci, ut coniuges quoque testes vic-

Schluchzen noch Tränen derer, die seine Hilfe erflehten, bewogen ihn, das Zeichen zum Aufbruch nicht zu geben oder sie als Begleiter seinem Heereszuge anzugliedern. Alle, die ihr zum Kriege ungeeignetes Geschlecht oder die Mattigkeit des Alters, auch wohl der Zauber der Stadt zurückhielt, erschlug der Feind. Dieselbe Vernichtung traf die Bürgerstadt Verulamium. Denn die Barbaren vermieden die Festungen und Stützpunkte; beutegierig und träge setzten sie sich ein Vorratslager zum Ziel, das für einen Plünderer recht ergiebig, für Verteidiger dagegen gefährlich war. Zweifellos sind etwa siebzigtausend Bürger und Verbündete bei den erwähnten Gelegenheiten umgekommen. Denn der Gegner machte keine Gefangenen, verkaufte auch keine Sklaven oder versuchte sonst, ein Geschäft aus dem Kriege zu machen, sondern betrieb mit Hast Hinrichtungen durch Schwert, Galgen, Scheiterhaufen und Kreuz, als solle er bald selbst dafür büßen, aber nur, nachdem er vorher die Rache schon gekostet habe.

Dem Suetonius standen bereits die vierzehnte Legion mit einem Fähnlein der zwanzigsten und Hilfstruppen aus der nächsten Umgebung, im ganzen etwa zehntausend Mann in Waffen, zur Verfügung. Da zögerte er nicht länger und traf Vorbereitungen zu einer Schlacht. Er wählte eine Gegend, die ein Engpaß und im Hintergrunde ein Wald abschloß, nachdem er zur Genüge festgestellt hatte, daß sich die Feinde nur ihm gegenüber befanden und die Ebene offen war, so daß er eine Falle nicht zu fürchten brauchte. Deshalb stellten sich die Legionäre in zahlreichen Reihen, um sie herum die Leichtbewaffneten und auf den Flügeln zusammengeballt die Reiter auf. Dagegen tummelten sich die Truppen der Britannier überall in Einzelgruppen und

toriae secum traherent plaustrisque imponerent, quae super
extremum ambitum campi posuerant.

Boudicca curru filias prae se vehens, ut quamque natio-
nem accesserat, solitum quidem Britannis feminarum ductu
bellare testabatur, sed tunc non ut tantis maioribus ortam
regnum et opes, verum ut unam e vulgo libertatem amis-
sam, confectum verberibus corpus, contrectatam filiarum
pudicitiam ulcisci. eo provectas Romanorum cupidines, ut
non corpora, ne senectam quidem aut virginitatem im-
pollutam relinquant. adesse tamen deos iustae vindictae:
cecidisse legionem, quae proelium ausa sit; ceteros castris
occultari aut fugam circumspicere. ne strepitum quidem et
clamorem tot milium, nedum impetus et manus perlaturos.
si copias armatorum, si causas belli secum expenderent,
vincendum illa acie vel cadendum esse. id mulieri desti-
natum: viverent viri et servirent.

Ne Suetonius quidem in tanto discrimine silebat. quamquam confideret virtuti, tamen exhortationes et preces mi-
scebat, ut spernerent sonores barbarorum et inanes minas:
plus illic feminarum quam iuventutis aspici. imbelles inermes cessuros statim, ubi ferrum virtutemque vincentium
totiens fusi agnovissent. etiam in multis legionibus paucos,
qui proelia profligarent; gloriaeque eorum accessurum,

Schwadronen, wie nirgendwo in solcher Menge, und so trotzig, daß sie auch ihre Weiber als Zeugen des Sieges mitschleppten und auf die Wagen setzten, die sie am äußersten Rande des Schlachtfeldes aufgefahren hatten.

Boudicca hatte ihre Töchter bei sich auf dem Wagen. Jedesmal, wenn sie sich einem der Stämme näherte, beteuerte sie, es sei zwar Brauch bei den Britanniern, unter der Führung von Frauen zu kämpfen; jetzt aber nehme sie nicht ihrer hohen Abkunft entsprechend Rache für Reich und Besitz, sondern wie ein Weib aus dem Volke für den Verlust der Freiheit, für ihren von Schlägen mißhandelten Leib und für die Schändung ihrer Töchter. So weit habe sich die Begierde der Römer gesteigert, daß sie niemanden, nicht einmal Greise oder Jungfrauen, unbesudelt ließen. Aber die Götter beteiligten sich an dem gerechten Rachewerk; die Legion, die den Kampf gewagt habe, sei gefallen; die übrigen versteckten sich im Lager oder sähen sich nach Flucht um. Sie würden nicht einmal den Lärm und das Geschrei so vieler Tausende und erst recht nicht ihren Angriff und ihre Kampfesweise ertragen. Wenn sie die Zahl der Bewaffneten und die Ursachen des Krieges in Betracht zögen, so müsse die Losung lauten: Siegen oder fallen! Dies gelte wenigstens für sie als Frau; die Männer möchten leben und Sklaven sein.

Auch Suetonius ergriff zu einer so ernsten Entscheidung das Wort. So sehr er auch seinen mutigen Soldaten vertraute, so vereinigte er doch Mahnungen und Bitten dahin, sie möchten das Getöse der Barbaren und ihre eitlen Drohungen mißachten. Bei ihnen sehe man mehr Weiber als junge Männer. Unkriegerisch und waffenlos würden sie weichen, sobald sie nach so manchen Niederlagen das

quod modica manus universi exercitus famam adipisceren-
tur, conferti tantum et pilis emissis post umbonibus et
gladiis stragem caedemque continuarent, praedae immemo-
res: parta victoria cuncta ipsis cessura. is ardor verba ducis
sequebatur, ita se ad intorquenda pila expedierat vetus
miles et multa proeliorum experientia, ut certus eventus
Suetonius daret pugnae signum.

Ac primum legio gradu immota et angustias loci pro
munimento retinens, postquam in propius suggressos hostis certo iactu tela exhauserat, velut cuneo erupit. idem
auxiliarium impetus; et eques protentis hastis perfringit
quod obvium et validum erat. ceteri terga praebuere, diffi-
cili effugio, quia circumiecta vehicula saepserant abitus. et
miles ne mulierum quidem neci temperabat, confixaque
telis etiam iumenta corporum cumulum auxerant. clara et
antiquis victoriis par ea die laus parta: quippe sunt qui
paulo minus quam octoginta milia Britannorum cecidisse
tradant, militum quadringentis ferme interfectis nec multo
amplius vulneratis. Boudicca vitam veneno finivit. et
Poenius Postumus, praefectus castrorum secundae legionis,
cognitis quartadecimanorum vicesimanorumque prosperis

Schwert und den Mut der sieggewohnten Truppe erneut zu spüten bekämen. Auch in vielen Legionen seien es nur wenige, die den Erfolg des Kampfes herbeiführten, und ihr Lob werde sich noch dadurch steigern, daß ihre kleine Schar den Ruhm eines ganzen Heeres erringen werde. Sie sollten nur dicht aneinandergedrängt und, wenn die Speere versandt seien, mit Schildbuckeln und Schwertern den Feind unablässig niederwerfen und erschlagen, ohne an Beute zu denken; nach dem Siege werde ihnen alles von selbst zufallen. So groß war die Begeisterung nach den Worten des Feldherrn und so geschickt hatten sich die alten, höchst kriegserprobten Soldaten auf das Schleudern der Speere vorbereitet, daß Suetonius mit vollem Vertrauen auf den Erfolg das Zeichen zum Beginn der Schlacht gab.

Zuerst stand die Legion unbeweglich und hielt den Engpaß wie eine Befestigung. Als sie dann ihre Geschosse in zielsicheren Würfen auf die näher heranrückenden Feinde erschöpft hatte, stürmte sie in Keilform vor. Ebenso griffen die Hilfstruppen an, und die Reiterei durchbrach mit vorgestreckten Lanzen alles, was sich kraftvoll in den Weg stellte. Die übrigen Gegner machten kehrt, aber ihre Flucht war erschwert, weil die Wagen ringsum die Ausgänge versperrten. Unsere Soldaten schonten auch die Frauen nicht, und die erlegten Zugtiere hatten die Leichenhaufen noch vergrößert. An diesem Tage errang man herrlichen Ruhm wie bei den Siegen der alten Zeit; gibt es doch Schriftsteller, die von fast achtzigtausend erschlagenen Britanniern sprechen, während nur etwa vierhundert Römer fielen und wenige mehr verwundet wurden. Boudicca machte durch Gift ihrem Leben ein Ende. Poenius Postumus, der Lager-

rebus, quia pari gloria legionem suam fraudaverat ab-
nueratque contra ritum militiae iussa ducis, se ipse gladio
transegit.

Contractus deinde omnis exercitus sub pellibus habitus
est ad reliqua belli perpetranda. auxitque copias Caesar
missis ex Germania duobus legionariorum milibus, octo
auxiliarium cohortibus ac mille equitibus, quorum adventu
nonani legionario milite suppleti sunt. cohortes alaeque
novis hibernaculis locatae, quodque nationum ambigu-
um aut adversum fuerat, igni atque ferro vastatum. sed
nihil aeque quam fames affligebat serendis frugibus in-
curiosos, et omni aetate ad bellum versa, dum nostros
commeatus sibi destinant. gentesque praeferoces tardius
ad pacem inclinabant, quia Iulius Classicianus, successor
Cato missus et Suetonio discors, bonum publicum privatis simultatibus impediebat disperseratque novum legatum opperiendum esse, sine hostili ira et superbia victoris
clementer deditis consulturum. simul in urbem mandabat,
nullum proeliorum finem expectarent, nisi succederetur
Suetonio, cuius adversa pravitati ipsius, prospera ad fortunam referebat. igitur ad spectandum Britanniae statum
missus est e libertis Polyclitus, magna Neronis spe posse
auctoritate eius non modo inter legatum procuratoremque
concordiam gigni, sed et rebelles barbarorum animos pace
componi. nec defuit Polyclitus, quominus ingenti agmine
Italiae Galliaeque gravis, postquam Oceanum transmiserat,
militibus quoque nostris terribilis incederet. sed hostibus
irrisui fuit, apud quos flagrante etiam tum libertate nondum
cognita libertinorum potentia erat; mirabanturque, quod

präfekt der zweiten Legion, stürzte sich in sein Schwert, als er von den Erfolgen der vierzehnten und zwanzigsten Legion vernahm, denn er hatte seine Legion um den gleichen Ruhm betrogen und gegen allen Soldatenbrauch die Befehle seines Führers nicht befolgt.

Nun zog man das ganze Heer zusammen und brachte es in Zelten aus Fellen unter, um den Rest des Krieges durchzuführen. Der Kaiser vergrößerte die Truppenzahl, denn er schickte aus Germanien zweitausend Legionäre, acht Kohorten Hilfsvölker und tausend Reiter, nach deren Ankunft man die neunte Legion durch Legionäre ergänzte. Kohorten und Schwadronen wurden in neue Winterlager versetzt und das Gebiet aller Stämme, deren Haltung zweideutig oder feindlich gewesen war, mit Feuer und Schwert verwüstet. Aber mehr als alles zermürbte sie der Hunger, denn sie hatten sich um die Aussaat nicht bekümmert. Jung und Alt hatte nur dem Kriege obgelegen und dabei auf unsere Vorräte gerechnet. Die besonders wilden Stämme waren dem Frieden weniger schnell geneigt, weil Julius Classicianus, der als Nachfolger des Catus ausgesandt und dem Suetonius abgeneigt war, das Wohl der Allgemeinheit durch persönliche Feindschaft störte und ausgestreut hatte, man solle den neuen Legaten abwarten, denn er werde ohne feindlichen Grimm und Übermut des Siegers sich der Unterwürfigen in Milde annehmen. Gleichzeitig ließ er in Rom verbreiten, man könne erst mit einem Ende der Kämpfe rechnen, wenn Suetonius, dessen Mißerfolge er seiner Niedertracht und dessen Siege er nur dem Glück zuschrieb, einen Nachfolger erhalte. So wurde denn der Freigelassene Polyclitus sogleich zur Prüfung der Lage Britanniens ausgesandt, denn Nero hoffte lebhaft, dessen An-

dux et exercitus tanti belli confector servitiis oboedirent. cuncta tamen ad imperatorem in mollius relata; detentusque rebus gerundis Suetonius, quod paucas naves in litore remigiumque in iis amiserat, tamquam durante bello tradere exercitum Petronio Turpiliano, qui iam consulatu abierat, iubetur. is non irritato hoste neque lacessitus honestum pacis nomen segni otio imposuit.

TACITUS, HISTORIAE III 44, 45

Britanniam inclinatus erga Vespasianum favor, quod illic secundae legioni a Claudio praepositus et bello clarus egerat, non sine motu adiunxit ceterarum, in quibus plerique centuriones et milites a Vitellio provecti expertum iam principem anxii mutabant.

sehen werde nicht nur zwischen dem Legaten und dem
Prokurator Eintracht herstellen, sondern auch die auf-
sässigen Barbaren befrieden können. Polyclitus, der mit
gewaltigem Troß in Italien und Gallien Eindruck hervor-
rief, gelang es auch nach der Überfahrt über das Meer,
zum Schrecken unserer Soldaten aufzutreten. Aber die
Feinde verlachten ihn nur, denn bei ihnen loderte auch
damals noch das Feuer der Freiheit und war der Einfluß
der Freigelassenen noch unbekannt; sie staunten darüber,
daß Führer und Heer, die Sieger in einem so gewaltigen
Kampf, sich einem Knecht fügten. Jedoch milderte der
Bericht an den Kaiser alles ab: Suetonius wurde zur Führung der Geschäfte dabehalten. Weil er dann wenige
Schiffe mitsamt ihren Ruderern am Strande verlor, erhielt
er den Befehl, dem Petronius Turpilianus, der sein Konsulat schon niedergelegt hatte, das Heer zu übergeben, als
ob der Krieg noch andauere. Der Nachfolger reizte den
Gegner nicht und wurde auch selbst nicht herausgefordert;
träges Nichtstun belegte er mit der ehrenden Bezeichnung
des Friedens.

TACITUS, HISTORIAE III 44, 45

In Britannien neigte sich die Stimmung dem Vespasianus
zu, weil er dort, von Claudius mit der Führung der zweiten
Legion betraut, als berühmter Kriegsmann gelebt hatte.
Aber der Anschluß vollzog sich nicht ohne Unruhen der
übrigen Legionen. In ihnen befanden sich nämlich sehr
viele Centurionen und Soldaten, die Vitellius befördert
hatte; daher wandten sie sich nur mit Sorge von einem
Herrscher ab, den sie schon bewährt gefunden hatten.

Ea discordia et crebris belli civilis rumoribus Britanni sustulere animos auctore Venutio, qui super insitam ferociam et Romani nominis odium propriis in Cartimanduam reginam stimulis accendebatur. Cartimandua Brigantibus imperitabat, pollens nobilitate; et auxerat potentiam, postquam capto per dolum rege Carataco instruxisse triumphum Claudii Caesaris videbatur. inde opes et rerum secundarum luxus: spreto Venutio (is fuit maritus) armigerum eius Vellocatum in matrimonium regnumque accepit. concussa statim flagitio domus: pro marito studia civitatis, pro adultero libido reginae et saevitia. igitur Venutius accitis auxiliis, simul ipsorum Brigantum defectione in extremum discrimen Cartimanduam adduxit. tum petita a Romanis praesidia. et cohortes alaeque nostrae variis proeliis exemere tamen periculo reginam; regnum Venutio, bellum nobis relictum.

Wegen dieser Wirren und häufiger Nachrichten vom Bürgerkrieg faßten sich die Britannier ein Herz auf Veranlassung des Venutius. Ihn erregte außer seiner angeborenen Wildheit und dem Haß gegen die Römer noch eine persönliche Wut auf die Königin Cartimandua. Sie beherrschte die Briganten in mächtiger Stellung, die ihr ihre hohe Abkunft verlieh. Es erhöhte noch ihren Einfluß, daß man nach der heimtückischen Gefangennahme des Königs Caratacus den Eindruck gewann, sie habe den Triumph des Kaisers Claudius ermöglicht. So wurde sie reich und im Glücke üppig, sagte sich von ihrem Gatten Venutius los und nahm seinen Schildknecht Vellocatus als königlichen Gemahl an. Diese Schandtat erschütterte sofort ihren Thron. Für ihren Gatten stritt die Zuneigung des Stammes, für den Ehebrecher die böse Lust und Grausamkeit der Königin. Daher brachte Venutius durch herbeigezogene Hilfstruppen und gleichzeitig durch den Abfall der Briganten selbst Cartimandua in die äußerste Not. Da bat sie die Römer um Schutz. Unsere Kohorten und Schwadronen bewahrten trotz wechselnder Gefechte die Königin vor Gefahr; das Reich blieb dem Venutius, uns nur der Krieg.

UNTERWERFUNG BRITANNIENS BIS HOCHSCHOTTLAND DURCH AGRICOLA

77–85

Einleitung des Lebensbildes. Jugend Agricolas. Lagerdienste in Britannien unter Suetonius Paulinus. Kämpfe.
Verheiratung mit Domitia Decidiana. Quästur in Asien.
Zurückgezogenes Leben als Prätor. Beitritt zur Partei des
Vespasian. Legat der zwanzigsten Legion. Statthalter der
Provinz Aquitanien. Statthalter Britanniens. Beschreibung
der Lage und der Bewohner Britanniens. Kurzer Rück-
blick auf die Ereignisse seit Caesar. Feldzug Agricolas
gegen die Ordoviker. Unterwerfung der Insel Mona (Anglesey). Gerechte Führung der Amtsgeschäfte. Reibungs-
lose Unterwerfung vieler Stämme. Friedlicher Aufbau während des Winters. Eroberung im dritten Feldzugsjahr bis
zum Tanaus. Sicherung der eroberten Gebiete im vierten
Sommer, Befestigung des Gebietes bis zu den Buchten
von Clota (Firth of Clyde) und Bodotria (Firth of Forth).
Besetzung des Hibernien (Irland) zugekehrten Teils Britanniens im fünften Jahr. Im sechsten Jahr Unterwerfung der
Stämme jenseits der Bodotria. Meuterei einer Kohorte der
Usiper. Im siebten Jahr Vorrücken bis zum Berge Graupius
(im südlichen Schottland). Kampfreden des Calgacus und
des Agricola. Sieg der Römer. Winterquartiere. Küsten-
fahrt der römischen Flotte. Übergabe der Provinz in ge-
sichertem Zustand an den Nachfolger Agricolas. Rückkehr
nach Rom. Kummervolles Lebensende. Verherrlichung des
Toten.

CORNELII TACITI
DE VITA IULII AGRICOLAE LIBER

Clarorum virorum facta moresque posteris tradere, antiquitus usitatum, ne nostris quidem temporibus quamquam incuriosa suorum aetas omisit, quotiens magna aliqua ac nobilis virtus vicit ac supergressa est vitium parvis magnisque civitatibus commune, ignorantiam recti et invidiam. sed apud priores ut agere digna memoratu pronum magisque in aperto erat, ita celeberrimus quisque ingenio ad prodendam virtutis memoriam sine gratia aut ambitione bonae tantum conscientiae pretio ducebatur. ac plerique suam ipsi vitam narrare fiduciam potius morum quam arrogantiam arbitrati sunt, nec id Rutilio et Scauro citra fidem aut obtrectationi fuit: adeo virtutes iisdem temporibus optime aestimantur, quibus facillime gignuntur. at nunc narraturo mihi vitam defuncti hominis venia opus fuit, quam non petissem incusaturus: tam saeva et infesta virtutibus tempora.

Legimus, cum Aruleno Rustico Paetus Thrasea, Herennio Senecioni Priscus Helvidius laudati essent, capitale fuisse, neque in ipsos modo auctores, sed in libros quoque eorum saevitum, delegato triumviris ministerio, ut monumenta clarissimorum ingeniorum in comitio ac foro urerentur. scilicet illo igne vocem populi Romani et libertatem senatus et conscientiam generis humani aboleri arbitraban-

TACITUS, AGRICOLA

Berühmter Männer Taten und Art der Nachwelt zu übermitteln ist ein alter Brauch, und selbst unser heutiges Zeitalter, wie gleichgültig es auch gegen die ihm eigenen Werte
sein mag, gibt ihn nicht auf, sooft große und edle Männer
eine Schwäche siegreich überwinden, die kleine und große
Staaten miteinander teilen: Unkenntnis des Rechten und
Scheelsucht. Aber bei den Vorfahren war das Vollbringen
denkwürdiger Taten leicht und hatte freieren Spielraum;
darum fühlten sich damals auch die erlauchtesten Geister
zur Darstellung großer Männer nicht aus Vorliebe oder
Ehrgeiz, sondern allein durch das Bewußtsein einer guten
Tat getrieben. Viele hielten sogar die Schilderung des
eigenen Lebens nur für berechtigtes Selbstbewußtsein, nicht
für Anmaßung, und weder Rutilius noch Scaurus büßte
deswegen Vertrauen oder Gunst ein: so sehr schätzt man
den echten Mann gerade in den Zeiten am richtigsten ein,
die ihn am leichtesten hervorbringen. Ich dagegen bedarf
jetzt, wo ich das Leben eines Verstorbenen darstellen will,
einer Nachsicht, um die ich mich als Ankläger nicht würde
zu bemühen brauchen. So böse und dem Manneswert abgeneigt ist unsere Zeit.

Wir lesen, daß der Lobpreis, den Arulenus Rusticus dem
Paetus Thrasea und Herennius Senecio dem Priscus Helvidius gespendet haben, ein todeswürdiges Verbrechen war,
und daß man nicht nur gegen die Verfasser selbst, sondern
auch gegen ihre Bücher wütete, denn die Triumvirn erhielten den Auftrag, diese Denkmäler hervorragender Geister im
Comitium auf dem Forum zu verbrennen. Sicherlich glaubte

tur, expulsis insuper sapientiae professoribus atque omni
bona arte in exilium acta, ne quid usquam honestum oc-
curreret. dedimus profecto grande patientiae documentum;
et sicut vetus aetas vidit, quid ultimum in libertate esset,
ita nos, quid in servitute, adempto per inquisitiones etiam
loquendi audiendique commercio. memoriam quoque ipsam
cum voce perdidissemus, si tam in nostra potestate esset
oblivisci quam tacere.

Nunc demum redit animus, et quamquam primo statim beatissimi saeculi ortu Nerva Caesar res olim dissocia-
biles miscuerit, principatum ac libertatem, augeatque co-
tidie felicitatem temporum Nerva Traianus, nec spem modo
ac votum securitas publica, sed ipsius voti fiduciam ac
robur assumpserit, natura tamen infirmitatis humanae tar-
diora sunt remedia quam mala, et ut corpora nostra lente
augescunt, cito extinguuntur, sic ingenia studiaque op-
presseris facilius quam revocaveris: subit quippe etiam
ipsius inertiae dulcedo, et invisa primo desidia postremo
amatur. quid, si per quindecim annos, grande mortalis aevi
spatium, multi fortuitis casibus, promptissimus quisque
saevitia principis interciderunt? pauci et, ut ita dixerim,
non modo aliorum sed etiam nostri superstites sumus,
exemptis e media vita tot annis, quibus iuvenes ad senec-
tutem, senes prope ad ipsos exactae aetatis terminos per
silentium venimus. non tamen pigebit vel incondita ac
rudi voce memoriam prioris servitutis ac testimonium prae-
sentium bonorum composuisse. hic interim liber honori

man, durch ein solches Feuer die Stimme des römischen
Volkes, die Freiheit des Senats und das Gewissen des
Menschengeschlechts zu vernichten; außerdem vertrieb
man auch die Weisheitslehrer und verbannte jegliches edle
Streben, damit nirgends mehr ein sittlicher Wert erscheine.
Wir haben wahrhaftig eine große Geduldsprobe abgelegt,
und wie die Vergangenheit den Gipfel der Freiheit, so er-
lebten wir den der Knechtschaft, war uns doch durch
Überwachung sogar der Austausch im Gespräch genommen. Wir hätten mit der Stimme auch das Gedächtnis
verloren, wenn Vergessen ebenso in unserer Macht stände
wie Schweigen.

Jetzt endlich fassen wir wieder Mut; aber wenn auch
Kaiser Nerva sogleich zu Beginn dieses glücklichen Zeit-
alters zwei früher unvereinbare Dinge, Alleinherrschaft und
Freiheit, verbunden hat und Nerva Trajanus täglich das
Glück der Zeit steigert, wenn auch die Wohlfahrt des
Staates nicht nur Hoffnung und Verheißung, sondern Vertrauen auf diese Verheißung und dauernde Kraft gewonnen
hat, so wirken doch infolge der menschlichen Schwäche
Heilmittel langsamer als Leiden, und wie unser Leib langsam wächst und rasch verfällt, so kann man auch geistige
Tätigkeit leichter unterdrücken als wiederbeleben, denn
selbst die Trägheit schmeichelt sich angenehm ein, und
am Ende gefällt gar der zunächst verhaßte Stumpfsinn. Wie
erst, wenn in fünfzehn Jahren, einer für ein Menschenleben langen Frist, viele durch zufälliges Unglück und
gerade die Tatkräftigsten durch die Grausamkeit des ersten
Mannes zugrunde gegangen sind? Unsere kleine Schar hat
nicht nur andere, sondern sozusagen sich selbst überlebt,
denn aus der Höhe unseres Lebens sind uns viele Jahre

Agricolae soceri mei destinatus professione pietatis aut laudatus erit aut excusatus.

Gnaeus Iulius Agricola, vetere et illustri Foroiuliensium colonia ortus, utrumque avum procuratorem Caesarum habuit, quae equestris nobilitas est. pater illi Iulius Graecinus, senatorii ordinis, studio eloquentiae sapientiaeque notus iisque ipsis virtutibus iram Gai Caesaris meritus: namque Marcum Silanum accusare iussus et, quia abnuerat, interfectus est. mater Iulia Procilla fuit, rarae castitatis. in huius sinu indulgentiaque educatus per omnem honestarum artium cultum pueritiam adulescentiamque transegit. arcebat eum ab illecebris peccantium praeter ipsius bonam integramque naturam, quod statim parvulus sedem ac magistram studiorum Massiliam habuit, locum Graeca comitate et provinciali parsimonia mixtum ac bene compositum. memoria teneo solitum ipsum narrare se prima in iuventa studium philosophiae acrius, ultra quam concessum Romano ac senatori, hausisse, ni prudentia matris incensum ac flagrantem animum coercuisset. scilicet sublime et erectum ingenium pulchritudinem ac speciem magnae excelsaeque gloriae vehementius quam caute appetebat. mox

geraubt, in denen die Jüngeren von uns ins Alter, die Alten fast an die äußerste Lebensgrenze schweigend gelangt sind. Dennoch soll es mich nicht verdrießen, wenn auch in ungefeilter und schmuckloser Sprache, einen Bericht über die vergangene Knechtschaft und ein Zeugnis des gegenwärtigen Glückes abzulegen. Einstweilen wird dies der Ehre meines Schwiegervaters Agricola gewidmete Buch um der Bekundung der Verwandtenliebe willen gepriesen oder doch entschuldigt sein.

Gnaeus Julius Agricola entstammte der alten und ruhmvollen Kolonie Forum Julii. Seine beiden Großväter waren kaiserliche Prokuratoren, wodurch sie dem gehobenen Ritterstande angehörten. Sein Vater, der Senator Julius Graecinus, war ein bekannter Redner und Philosoph, aber eben diese Vorzüge brachten ihm den Zorn des Kaisers Gajus ein; denn er erhielt den Befehl, den Marcus Silanus zu verklagen, und wurde, weil er dies abgelehnt hatte, getötet. Seine Mutter war Julia Procilla, eine Frau von seltener Sittenreinheit. Von ihr in liebevoller Fürsorge erzogen, verbrachte er Kindheit und Jugend in Beschäftigung mit allen Bildungsgütern. Von lockenden Versuchungen hielt ihn außer seinem guten und reinen Wesen der Umstand fern, daß er schon in zarter Kindheit Massilia als Wohnsitz und Lehrmeisterin erhielt, einen Ort, in dem sich griechische Feinheit und die Einfachheit des Provinzlebens zu glücklichem Bunde vereinigten. Ich weiß noch, wie gern er selbst erzählte, daß er in früher Jugend allzu leidenschaftlich, über das einem Römer und Senator verstattete Maß hinaus, Philosophie getrieben habe; doch habe die kluge Mutter seinen zur Glut entflammten Geist in Schranken verwiesen. Sicherlich strebte sein erhabener, stolzer

mitigavit ratio et aetas, retinuitque, quod est difficillimum, ex sapientia modum.

Prima castrorum rudimenta in Britannia Suetonio Paulino, diligenti ac moderato duci, approbavit, electus quem contubernio aestimaret. nec Agricola licenter, more iuvenum, qui militiam in lasciviam vertunt, neque segniter ad voluptates et commeatus titulum tribunatus et inscitiam rettulit: sed noscere provinciam, nosci exercitui, discere a peritis, sequi optimos, nihil appetere in iactationem, nihil ob formidinem recusare, simulque et anxius et intentus agere. non sane alias exercitatior magisque in ambiguo Britannia fuit: trucidati veterani, incensae coloniae, intercepti exercitus; tum de salute, mox de victoria certavere. quae cuncta etsi consiliis ductuque alterius agebantur ac summa rerum et recuperatae provinciae gloria in ducem cessit, artem et usum et stimulos addidere iuveni, intravitque animum militaris gloriae cupido, ingrata temporibus quibus sinistra erga eminentes interpretatio nec minus periculum ex magna fama quam ex mala.

Hinc ad capessendos magistratus in urbem degressus Domitiam Decidianam, splendidis natalibus ortam, sibi

Sinn dem schönen Urbild eines großen und hehren Ruhmes stürmischer nach, als vorsichtig war. Später beruhigte ihn die Einsicht der Reife, und er lernte – eine schwere Aufgabe! – durch die Weisheit, sich selbst zu bescheiden.

Die ersten Lagerdienste leistete er in Britannien zur Zufriedenheit des Suetonius Paulinus, eines gewissenhaften, besonnenen Feldherrn, der ihn durch seine Wahl zum Zeltgenossen auszeichnete. Agricola mißbrauchte weder ungezügelt, wie junge Männer, die Dienst in Ausschweifung verkehren, noch träge die Tribunenwürde und seine Unerfahrenheit zu Vergnügungen und Urlaub, sondern er lernte die Provinz kennen, machte sich den Truppen bekannt, ging bei den Erfahrenen in die Lehre und schloß sich den Tüchtigsten an; nichts suchte er aus bloßer Ruhmsucht zu gewinnen, nichts lehnte er aus Furcht ab; er handelte vorsichtig und gesammelt zugleich. Gewiß war Britannien zu keiner Zeit unruhiger und gefährdeter: erschlagen waren die Veteranen, gebrandschatzt die römischen Städte, vernichtet die Heere; damals kämpfte man um das nackte Leben, erst später um den Sieg. Geschah auch dies alles nach den Plänen und unter der Führung eines anderen und fiel auch das gesamte Verdienst und der Ruhm, die Provinz neu gewonnen zu haben, dem Feldherrn zu, so steigerte es doch Können, Erfahrung und Begeisterung des jungen Mannes, und ihn ergriff kriegerischer Ehrgeiz, der bedenklich ist in einer Zeit, wo man hervorragende Männer ungünstig beurteilt und ein großer Ruf die gleiche Gefahr bringt wie ein schlechter.

Hierauf begab er sich zum Eintritt in die Ämterlaufbahn nach Rom und vermählte sich mit Domitia Decidiana,

iunxit; idque matrimonium ad maiora nitenti decus ac
robur fuit. vixeruntque mira concordia, per mutuam caritatem et invicem se anteponendo, nisi quod in bona uxore
tanto maior laus, quanto in mala plus culpae est. sors quae-
sturae provinciam Asiam, proconsulem Salvium Titianum
dedit, quorum neutro corruptus est, quamquam et provincia dives ac parata peccantibus, et proconsul in omnem
aviditatem pronus quantalibet facilitate redempturus esset
mutuam dissimulationem mali. auctus est ibi filia, in subsidium simul ac solacium; nam filium ante sublatum brevi
amisit. mox inter quaesturam ac tribunatum plebis atque
ipsum etiam tribunatus annum quiete et otio transiit, gnarus
sub Nerone temporum, quibus inertia pro sapientia fuit.
idem praeturae tenor et silentium; nec enim iurisdictio
obvenerat. ludos et inania honoris medio rationis atque
abundantiae duxit, uti longe a luxuria, ita famae propior.
tum electus a Galba ad dona templorum recognoscenda di-
ligentissima conquisitione fecit, ne cuius alterius sacrile-
gium res publica quam Neronis sensisset.

Sequens annus gravi vulnere animum domumque eius
afflixit. nam classis Othoniana licenter vaga dum Intimilium (Liguriae pars est) hostiliter populatur, matrem

einer Frau von glänzender Herkunft. Diese Ehe war ihm in seinem Streben nach höheren Zielen Auszeichnung und Stütze. Die Gatten lebten in wunderbarer Eintracht, liebevoll gegeneinander und eins dem andern den Vorrang gewährend, wobei freilich eine gute Frau ebensosehr höheren Ruhm erntet, wie eine schlechte schwereren Vorwurf. Das Los der Quästur gab ihm Asien zur Provinz und Salvius Titianus als Prokonsul. Beides konnte ihn nicht verderben, obwohl die Provinz reich und unredlichen Männern gefährlich war und der jeder Art von Habgier geneigte Prokonsul mit der größten Willfährigkeit gegenseitiges Verschweigen von Übeltaten erkauft haben würde. Dort wurde Agricola eine Tochter geschenkt, zum Beistand und Trost zugleich; denn den vorher geborenen Sohn verlor er nach kurzer Zeit. Dann verbrachte er das Jahr zwischen Quästur und Volkstribunat und sogar das des Tribunates selbst ruhig und beschaulich, in rechter Erkenntnis der Zeit Neros, wo Untätigkeit Klugheit bedeutete. Die gleiche Zurückhaltung konnte er als Prätor zeigen, denn mit der Rechtsprechung hatte man ihn nicht betraut. Die öffentlichen Spiele und die übrigen Eitelkeiten des Ehrenamtes hielt er auf der Mitte zwischen Sparsamkeit und Überfluß, zwar weit entfernt von Verschwendung, aber doch der Volksstimmung entgegenkommend. Dann betraute ihn Galba mit der Ermittelung abhanden gekommener Tempelschätze. Durch gewissenhafte Nachforschung erreichte er, daß der Staat durch niemanden außer durch Nero eine Entweihung seiner Heiligtümer erlebte.

Das folgende Jahr schlug ihn und sein Haus mit schwerem Leide. Denn als Othos Flottensoldaten auf zügelloser Kreuzfahrt Intimilium, einen Ort in Ligurien, verheerten,

Agricolae in praediis suis interfecit praediaque ipsa et magnam patrimonii partem diripuit, quae causa caedis fuerat.
igitur ad sollemnia pietatis profectus Agricola nuntio affec-
tati a Vespasiano imperii deprehensus ac statim in partes
transgressus est. initia principatus ac statum urbis Mucianus
regebat, iuvene admodum Domitiano et ex paterna fortuna
tantum licentiam usurpante. is missum ad dilectus agendos
Agricolam integreque ac strenue versatum vicesimae legioni tarde ad sacramentum transgressae praeposuit, ubi
decessor seditiose agere narrabatur: quippe legatis quoque
consularibus nimia ac formidolosa erat, nec legatus prae-
torius ad cohibendum potens, incertum suo an militum
ingenio. ita successor simul et ultor electus rarissima mode-
ratione maluit videri invenisse bonos quam fecisse.

Praeerat tunc Britanniae Vettius Bolanus, placidius quam
feroci provincia dignum est. temperavit Agricola vim
suam ardoremque compescuit, ne incresceret, peritus ob-
sequi eruditusque utilia honestis miscere. brevi deinde
Britannia consularem Petilium Cerialem accepit. habuerunt
virtutes spatium exemplorum, sed primo Cerialis labores
modo et discrimina, mox et gloriam communicabat: saepe
parti exercitus in experimentum, aliquando maioribus copiis
ex eventu praefecit. nec Agricola umquam in suam famam

brachten sie Agricolas Mutter auf ihrem Landsitz um und plünderten diesen selbst wie auch einen großen Teil des väterlichen Erbes, das den Mord verursacht hatte. So befand sich Agricola auf der Reise zur letzten Feier kindlicher Liebe, als ihn die Nachricht ereilte, daß Vespasian die Herrschaft zu gewinnen trachte. Sogleich trat er zu dessen Partei über. Den Beginn der neuen Regierung und die Lage in Rom beherrschte Mucianus, denn Domitian war noch sehr jung und nahm aus des Vaters Rang nur Ungebundenheit für sich in Anspruch. Mucianus machte Agricola, der zu Truppenaushebungen abgesandt und dabei unbestechlich und eifrig tätig gewesen war, zum Legaten der zwanzigsten Legion, die sich nur langsam zum Fahneneid bequemt hatte. Sein Vorgänger sollte sie aufgewiegelt haben; jedenfalls war sie selbst den Legaten von konsularischem Range allzu übermütig und furchterregend, und auch der prätorische Legat war nicht imstande, sie zu bändigen, wobei offen bleibt, ob das an ihm oder an den Soldaten lag. Daher zog Agricola, zum Nachfolger und zugleich zum Rächer erwählt, in seltener Mäßigung vor, den Anschein zu erwecken, er habe sie schon gehorsam vorgefunden und nicht erst dazu gemacht.

Britannien regierte damals Vettius Bolanus, milder als es einer unbändigen Provinz entspricht. Agricola beherrschte sein Kraftgefühl und unterdrückte sein Feuer, um sich nicht zu überheben; er war im Gehorsam erfahren und dazu erzogen, das Nützliche mit dem Guten zu vereinigen. Kurz darauf erhielt Britannien Petilius Cerialis als Konsular. Da bekamen tüchtige Männer Gelegenheit, sich auszuzeichnen. Jedoch teilte Cerialis zuerst nur Mühe und Gefahr mit ihm und dann erst den Ruhm. Oft ließ er

gestis exultavit: ad auctorem ac ducem ut minister fortunam referebat. ita virtute in obsequendo, verecundia in
praedicando extra invidiam nec extra gloriam erat.

Revertentem ab legatione legionis Divus Vespasianus
inter patricios ascivit ac deinde provinciae Aquitaniae
praeposuit, splendidae imprimis dignitatis administratione
ac spe consulatus, cui destinarat. credunt plerique mili-
taribus ingeniis subtilitatem deesse, quia castrensis iurisdictio secura et obtusior ac plura manu agens calliditatem
fori non exerceat; Agricola naturali prudentia, quam-
vis inter togatos, facile iusteque agebat. iam vero tempora curarum remissionumque divisa: ubi conventus ac
iudicia poscerent, gravis intentus, severus et saepius mi-
sericors; ubi officio satis factum, nulla ultra potestatis
persona, tristitiam et arrogantiam et avaritiam exuerat.
nec illi, quod est rarissimum, aut facilitas auctoritatem aut
severitas amorem deminuit. integritatem atque abstinen-
tiam in tanto viro referre iniuria virtutum fuerit. ne famam quidem, cui saepe etiam boni indulgent, ostentanda
virtute aut per artem quaesivit: procul ab aemulatione
adversus collegas, procul a contentione adversus procura-

Agricola zur Probe einen Heeresteil, hin und wieder, je nach dem Erfolg, auch größere Truppenmengen führen. Aber Agricola prahlte nie zu eigener Verherrlichung mit Taten; als Untergebener suchte er das Gelingen auf den Vorgesetzten und Feldherrn zurückzuführen. So blieb er durch männlichen Gehorsam und Zurückhaltung im Selbstlob zwar dem Neide, nicht aber dem Ruhme entrückt.

Nach seiner Rückkehr vom Posten eines Legionslegaten nahm ihn Divus Vespasianus unter die Patrizier auf und ernannte ihn darauf zum Statthalter der Provinz Aquitanien, die vor allem durch die Obliegenheiten dieses Amtes und die Aussicht auf das Konsulat, für das ihn der Kaiser bestimmt hatte, Glanz verlieh. Viele meinen, gute Soldaten besäßen keine Feinheit, weil die militärische Justiz bei ihrer unbedenklichen, recht groben und meist handgreiflichen Art nicht in der Gerissenheit der bürgerlichen Gerichte übe. Agricola verhandelte kraft seiner angeborenen Klugheit auch unter Zivilpersonen gewandt und gerecht. Bereits schied er deutlich Pflicht und Erholung; wenn Landtage und andere Gerichtsverhandlungen es verlangten, war er ernst, gesammelt und streng, freilich öfter noch barmherzig; war der Pflicht Genüge geschehen, dann fiel die amtliche Maske; Grämlichkeit, Anmaßung und Habgier kannte er dann nicht mehr. Auch minderte – und das ist höchst selten! – weder seine Freundlichkeit die Ehrfurcht noch seine Strenge die Anhänglichkeit. Unbestechlichkeit und Uneigennützigkeit bei einem solchen Manne zu erwähnen, wäre eine Beleidigung seines Wertes. Selbst nach Ruhm, dem oft auch die Tüchtigen nicht widerstehen können, strebte er nicht durch Prunken mit seinen Vorzügen oder durch Machenschaften; ohne Eifersucht

tores, et vincere inglorium et atteri sordidum arbitrabatur.

Minus triennium in ea legatione detentus ac statim ad spem consulatus revocatus est, comitante opinione Britanniam ei provinciam dari, nullis in hoc ipsius sermonibus, sed quia par videbatur. haud semper errat fama, aliquando et eligit. consul egregiae tum spei filiam iuveni mihi despondit ac post consulatum collocavit, et statim Britanniae praepositus est, adiecto pontificatus sacerdotio.

Britanniae situm populosque multis scriptoribus memoratos non in comparationem curae ingeniive referam, sed quia tum primum perdomita est; ita quae priores nondum comperta eloquentia percoluere, rerum fide tradentur. Britannia, insularum quas Romana notitia complectitur maxima, spatio ac caelo in orientem Germaniae, in occidentem Hispaniae obtenditur, Gallis in meridiem etiam inspicitur; septentrionalia eius, nullis contra terris, vasto atque aperto mari pulsantur. formam totius Britanniae Livius veterum, Fabius Rusticus recentium eloquentissimi auctores oblongae scutulae vel bipenni assimulavere. et est ea facies citra Caledoniam, unde et in universum fama; sed transgressis inmensum et enorme spatium procurrentium extremo iam litore terrarum velut in cuneum tenuatur. hanc oram novissimi maris tunc primum Romana classis circumvecta insulam esse Britanniam affirmavit ac simul

auf seine Amtsgenossen und ohne Streit mit den Prokuratoren hielt er Überlegenheit für keinen Ruhm, Minder-
wertigkeit dagegen für schmählich.

Nicht ganz drei Jahre hielt ihn dieser Auftrag fest; dann
rief man ihn mit sofortiger Aussicht auf das Konsulat
zurück. Es begleitete ihn der Ruf, daß man ihm Britannien als Provinz geben wolle, ohne daß er selbst darüber gesprochen hatte, sondern weil er der Mann dazu
schien. Nicht immer irrt ein Gerede, manchmal wählt es
auch. In seinem Konsulat verlobte er mir als jungem
Manne seine Tochter, die schon damals besonders hohe
Erwartungen weckte, und vermählte sie mir nach Ablauf
des Amtes. Unmittelbar darauf wurde er Statthalter Britanniens und erhielt außerdem das Priesteramt eines Ponti-
fex.

Britanniens Lage und seine Völker haben schon viele
Schriftsteller geschildert. Nicht um mit ihrer Sorgfalt und
ihrem Geiste zu wetteifern, werde ich sie noch einmal beschreiben, sondern weil es damals zum erstenmal völlig
unterworfen wurde. Deshalb werde ich alles, was meine
Vorgänger noch ohne sichere Forschung wortgewandt aus-
geschmückt haben, auf die Tatsachen gestützt darstellen.
Britannien, die größte Insel, die wir Römer kennen, erstreckt sich, was Ausdehnung und Himmelsstrich betrifft,
im Osten gegen Germanien, im Westen gegen Hispanien.
Die Südseite ist den Galliern sogar sichtbar; den Norden,
dem kein Land vorgelagert ist, bespült ein ungeheures,
offenes Meer. Die Gestalt Britanniens im ganzen haben unter
den Alten Livius, unter den Modernen Fabius Rusticus,
zwei große Sprachkünstler, mit einer länglichen Schüssel
oder einer Doppelaxt verglichen. Das ist wirklich sein

incognitas ad id tempus insulas, quas Orcadas vocant, invenit domuitque. dispecta est et Thule, quia hactenus iussum et hiems appetebat. sed mare pigrum et grave remigantibus perhibent ne ventis quidem perinde attolli, credo quod rariores terrae montesque, causa ac materia tempestatum, et profunda moles continui maris tardius impellitur. naturam Oceani atque aestus neque quaerere huius operis est ac multi rettulere: unum addiderim, nusquam latius dominari mare, multum fluminum huc atque illuc ferre, nec litore tenus accrescere aut resorberi, sed influere penitus atque ambire, et iugis etiam ac montibus inseri velut in suo.

Ceterum Britanniam qui mortales initio coluerint, indigenae an advecti, ut inter barbaros parum compertum. habitus corporum varii, atque ex eo argumenta. namque rutilae Caledoniam habitantium comae, magni artus Germanicam originem asseverant; Silurum colorati vultus, torti plerumque crines et posita contra Hispania Hiberos veteres traiecisse easque sedes occupasse fidem faciunt;

Aussehen ohne Kaledonien, und daher hat sich denn auch diese Kunde auf das ganze Gebiet übertragen; wer aber den großen und unförmigen Raum des am äußersten Gestade noch vorspringenden Landes ganz durchzogen hat, für den verjüngt es sich keilartig. Diese fernste Meeresküste umfuhr damals zuerst eine römische Flotte und bestätigte, daß Britannien eine Insel sei; gleichzeitig entdeckte und unterwarf sie einige vorher unbekannte Inseln, die Orcaden genannt. Thule sichtete man nur, denn weiter ging der Befehl nicht, und der Winter stand vor der Tür. Es heißt aber, daß auch Winde das träge und für Ruderer anstrengende Meer nicht wie anderswo aufwühlen, vermutlich weil Länder und Berge, Ursache und Anlaß der Stürme, dort seltener sind und die tiefe Masse des nirgends unterbrochenen Meeres nur langsamer in Bewegung gerät. Die Beschaffenheit des Ozeans und seine Gezeiten zu untersuchen, ist nicht die Aufgabe dieser Schrift; auch haben schon viele darüber berichtet. Nur eins will ich noch sagen: nirgends herrscht das Meer auf weiterem Raume vor, und viele seiner Strömungen bewegen sich nach verschiedenen Richtungen. Sie steigen nicht etwa nur bis zur Küste und werden dann aufgesogen, sondern strömen in Windungen tief in das Innere hinein und drängen sich sogar in die Schluchten der Berge, als wäre das ihr eigener Bereich.

Was für Menschen übrigens Britannien zuerst bewohnt haben, Eingeborene oder Einwanderer, weiß man, wie so oft unter Barbaren, nicht genau. Die Körperbeschaffenheit ist verschieden, und dem entspricht die Beweisführung. Denn das rötliche Haar und die gewaltigen Gliedmaßen der Einwohner Kaledoniens sprechen für germanischen Ursprung; das dunkle Gesicht der Silurer, ihr meist krauses

proximi Gallis et similes sunt, seu durante originis vi, seu procurrentibus in diversa terris positio caeli corporibus habitum dedit. in universum tamen aestimanti Gallos vicinam insulam occupasse credibile est: eorum sacra deprehendas superstitionum persuasione; sermo haud multum diversus, in deposcendis periculis eadem audacia et, ubi advenere, in detrectandis eadem formido. plus tamen ferociae Britanni praeferunt, ut quos nondum longa pax emollierit. nam Gallos quoque in bellis floruisse accepimus; mox segnitia cum otio intravit, amissa virtute pariter ac libertate. quod Britannorum olim victis evenit: ceteri manent, quales Galli fuerunt.

In pedite robur; quaedam nationes et curru procliantur. honestior auriga, clientes propugnant. olim regibus parebant, nunc per principes factionibus et studiis trahuntur. nec aliud adversus validissimas gentes pro nobis utilius quam quod in commune non consulunt. rarus duabus tribusque civitatibus ad propulsandum commune periculum conventus: ita singuli pugnant, universi vincuntur.

Haar und ihre Lage gegenüber Hispanien erregt den Glauben, daß die alten Hiberer das Meer durchquert und ihr Gebiet besetzt haben. Die den Galliern Benachbarten sind diesen auch am ähnlichsten; entweder bleibt also die ursprüngliche Kraft bestehen, oder der Himmelsstrich gibt bei Ländern, die sich in verschiedener Richtung ausdehnen, den Körpern ihre Beschaffenheit. Wer jedoch die Frage in ihrer Gesamtheit betrachtet, muß annehmen, daß die Gallier die nahe Insel besetzt haben: ihre heiligen Gebräuche kann man entdecken infolge der gleichen abergläubischen Überzeugung; auch die Sprache ist nicht sehr abweichend. Ferner sind die Britannier ebenso keck, Gefahren herauszufordern, und ebenso ängstlich bemüht, sie zu vermeiden, wenn sie eintreten. Aber sie zeigen doch mehr Wildheit, weil noch kein langer Friede sie verweichlicht hat; heißt es doch, daß auch die Gallier hervorragende Krieger waren, später aber drang mit dem Frieden Trägheit ein, und sie verloren mit dem Mute auch die Freiheit. Dasselbe ist den schon lange Besiegten unter den Britanniern widerfahren; die übrigen bleiben, wie die Gallier gewesen sind.

Auf dem Fußvolk beruht ihre Stärke; einige Stämme kämpfen auch zu Wagen. Am angesehensten ist der Lenker; seine Schützlinge kämpfen für ihn. Früher gehorchten sie Königen, jetzt werden sie zwischen ihren Häuptlingen in Parteikämpfen des Ehrgeizes hin- und hergerissen. Nichts aber ist für uns im Kampfe gegen diese starken Völker nützlicher, als daß sie keine gemeinsamen Beschlüsse fassen. Nur selten kommen zwei und auch drei Völkerschaften zur Abwehr gemeinsamer Gefahr überein; daher kämpft eine jede für sich, und die Gesamtheit unterliegt.

Caelum crebris imbribus ac nebulis foedum; asperitas frigorum abest. dierum spatia ultra nostri orbis mensuram; nox clara et extrema Britanniae parte brevis, ut finem atque initium lucis exiguo discrimine internoscas. quodsi nubes non officiant, aspici per noctem solis fulgorem, nec occidere et exurgere, sed transire affirmant. scilicet extrema et plana terrarum humili umbra non erigunt tenebras, infraque caelum et sidera nox cadit.

Solum praeter oleam vitemque et cetera calidioribus terris oriri sueta patiens frugum, fecundum; tarde mitescunt, cito proveniunt, eademque utriusque rei causa, multus umor terrarum caelique. fert Britannia aurum et argentum et alia metalla, pretium victoriae. gignit et Oceanus margarita, sed subfusca ac liventia. quidam artem abesse legentibus arbitrantur, nam in rubro mari viva ac spirantia saxis avelli, in Britannia, prout expulsa sint, colligi: ego facilius crediderim naturam margaritis deesse quam nobis avaritiam.

Ipsi Britanni dilectum ac tributa et iniuncta imperii munia impigre obeunt, si iniuriae absint: has aegre tolerant, iam domiti ut pareant, nondum ut serviant. igitur primus omnium Romanorum Divus Iulius cum exercitu Britanniam ingressus, quamquam prospera pugna terruerit incolas ac litore potitus sit, potest videri ostendisse posteris, non tradidisse. mox bella civilia et in rem publicam versa

Das Klima machen häufiger Regen und Nebel düster; strenge Kälte fehlt. Die Länge der Tage geht über das in unserem Lande bekannte Maß hinaus; die Nacht ist hell und in der entlegensten Gegend Britanniens so kurz, daß man Ende und Anfang des Tages nur an einer kleinen Pause unterscheidet. Es heißt, daß man bei Wolkenlosigkeit auch in der Nacht den Sonnenschein sieht und die Sonne nicht unter- oder auf-, sondern nur weitergeht. Das flache Ende der Erde läßt nämlich mit seinem niedrigen Schatten keine Finsternis aufkommen, und die Nacht sinkt nur unterhalb des Himmels und der Gestirne hernieder.

Abgesehen von Ölbaum, Rebe und den andern Pflanzen, die in wärmeren Gegenden zu wachsen pflegen, ist der Boden für Baum- und Feldfrüchte brauchbar, ja ergiebig. Sie reifen langsam, obwohl sie rasch aufschießen, und der Grund ist in beiden Fällen der gleiche, die große Feuchtigkeit des Bodens und Klimas. Britannien liefert Gold, Silber und andere Metalle als Siegespreis. Der Ozean bringt auch Perlen hervor, aber nur bräunliche und bleifarbene. Einige meinen, die Sammler hätten nicht die richtige Erfahrung, denn im Persischen Golf würden sie lebendig und atmend vom Gestein gerissen, in Britannien, so wie sie das Meer ans Ufer spült, gesammelt. Ich glaube eher, daß den Perlen die Schönheit fehlt als uns die Habgier.

Die Britannier selbst nehmen Soldatendienst, Abgaben und andere Pflichten, die unser Reich ihnen auferlegt, unverdrossen auf sich, wenn kein Unrecht damit verbunden ist; ein solches ertragen sie nicht leicht, denn nur bis zum Gehorsam und noch nicht bis zur Knechtschaft sind sie gebändigt. So kann der Eindruck entstehen, daß Divus Julius, der als erster aller Römer Britannien mit einem

principum arma, ac longa oblivio Britanniae etiam in pace: consilium id Divus Augustus vocabat, Tiberius praeceptum. agitasse Gaium Caesarem de intranda Britannia satis constat, ni velox ingenio mobili paenitentiae et ingentes adversus Germaniam conatus frustra fuissent. Divus Claudius auctor iterati operis transvectis legionibus auxiliisque et assumpto in partem rerum Vespasiano, quod initium venturae mox fortunae fuit: domitae gentes, capti reges et monstratus fatis Vespasianus.

Consularium primus Aulus Plautius praepositus ac subinde Ostorius Scapula, uterque bello egregius, redactaque paulatim in formam provinciae proxima pars Britanniae, addita insuper veteranorum colonia. quaedam civitates Cogidumno regi donatae (is ad nostram usque memoriam fidissimus mansit) vetere ac iam pridem recepta populi Romani consuetudine, ut haberet instrumenta servitutis et reges. mox Didius Gallus parta a prioribus continuit, paucis admodum castellis in ulteriora promotis, per quae fama aucti officii quaereretur. Didium Veranius excepit, isque intra annum extinctus est.

Heere betrat, es der Nachwelt nur gezeigt, nicht auch übergeben habe, obwohl er durch eine siegreiche Schlacht die Bewohner einschüchterte und die Küste besetzte. Später brach der Bürgerkrieg aus, die ersten Männer kehrten die Waffen gegen den Staat, und man vergaß Britannien lange, sogar in Friedenszeiten; überlegte Klugheit pflegte Divus Augustus diese Einstellung zu nennen, bindende Verpflichtung Tiberius. Daß Kaiser Gajus einen Einmarsch in Britannien geplant hat, ist gut bezeugt; aber seine Launenhaftigkeit neigte zu schneller Reue, wie denn auch sein ungeheures Unternehmen gegen Germanien ergebnislos verlief. Divus Claudius veranlaßte die Wiederholung des Unternehmens. Legionen und Hilfstruppen wurden übergesetzt und Vespasian mit einem Teile der Ausführung betraut. Damit wurde seine spätere Stellung eingeleitet: Völker wurden bezwungen, Könige gefangen und Vespasian vom Schicksal ans Licht gezogen.

Von Männern mit konsularischem Range regierte Britannien zuerst Aulus Plautius, dann Ostorius Scapula, beides hervorragende Soldaten. Allmählich wurde der uns zunächst liegende Teil Britanniens zur Provinz ausgestaltet und außerdem eine Veteranenkolonie begründet. Einige Völkerschaften schenkte man dem bis in unsere Zeit unerschütterlich treu bleibenden Könige Cogidumnus, nach altem und schon längst üblichem Brauch des römischen Volkes, auch Könige als Werkzeuge der Knechtung zu benutzen. Später behauptete Didius Gallus die Eroberungen seiner Vorgänger und rückte nur mit einer ganz kleinen Anzahl Festungen weiter vor, um den Ruhm einer Gebietsvermehrung zu erlangen. Auf Didius folgte Veranius, starb aber schon vor Ablauf eines Jahres.

Suetonius hinc Paulinus biennio prosperas res habuit,
subactis nationibus firmatisque praesidiis; quorum fiducia
Monam insulam ut vires rebellibus ministrantem aggressus
terga occasioni patefecit. namque absentia legati remoto
metu Britanni agitare inter se mala servitutis, conferre in-
iurias et interpretando accendere: nihil profici patientia
nisi ut graviora tamquam ex facili tolerantibus imperentur.
singulos sibi olim reges fuisse, nunc binos imponi, e quibus legatus in sanguinem, procurator in bona saeviret.
aeque discordiam praepositorum, aeque concordiam sub-
iectis exitiosam. alterius manus centuriones, alterius servos
vim et contumelias miscere. nihil iam cupiditati, nihil libi-
dini exceptum. in proelio fortiorem esse qui spoliet: nunc
ab ignavis plerumque et imbellibus eripi domos, abstrahi
liberos, iniungi dilectus tamquam mori tantum pro patria
nescientibus. quantulum enim transisse militum, si sese
Britanni numerent? sic Germanias excussisse iugum; et
flumine, non Oceano defendi. sibi patriam coniuges parentes, illis avaritiam et luxuriam causas belli esse. reces-
suros, ut Divus Iulius recessisset, modo virtutem maiorum
suorum aemularentur. neve proelii unius aut alterius eventu
pavescerent: plus impetus felicibus, maiorem constantiam
penes miseros esse. iam Britannorum etiam deos misereri,
qui Romanum ducem absentem, qui relegatum in alia insula exercitum detinerent; iam ipsos, quod difficillimum
fuerit, deliberare. porro in eius modi consiliis periculosius
esse deprehendi quam audere. his atque talibus invicem instincti Boudicca generis regii femina duce (neque
enim sexum in imperiis discernunt) sumpsere universi bellum; ac sparsos per castella milites consectati expugnatis
praesidiis ipsam coloniam invasere ut sedem servitutis,

Dann herrschte Suetonius Paulinus zwei Jahre lang glücklich, denn er unterwarf einige Stämme und legte Befestigungen an. Im Vertrauen hierauf zog er gegen die Insel Mona, weil sie Aufrührern Unterstützung lieh, und gab damit seine Rückendeckung preis. Nach dem Fortgang des Legaten verloren nämlich die Britannier ihre Furcht und besprachen miteinander die Leiden der Knechtschaft, verglichen das ihnen angetane Unrecht und machten es durch gehässige Ausdeutung noch empörender. Durch Geduld erreiche man nur, daß einem, als ob man willig dulde, noch Schwereres aufgebürdet werde. Früher hätten sie nur einen König gehabt, jetzt gebe man ihnen zwei Gebieter, und von diesen wüte der Legat gegen Menschenleben, der Prokurator gegen ihre Habe. Wie die Zwietracht, so sei auch die Eintracht der Vorgesetzten den Untertanen verderblich. Centurionen als die Werkzeuge des einen, Sklaven als die des anderen vereinigten Gewalttat mit Beschimpfung. Nichts sei mehr sicher vor Habgier oder Lüsternheit. Im Kriege gewinne der Mutigere die Beute; jetzt würden ihnen oft von feigen oder kriegsuntüchtigen Leuten die Häuser entrissen, die Kinder fortgeschleppt und Soldatendienst aufgezwungen, als ob sie nur für ihr Vaterland nicht zu sterben wüßten. Wie wenig Truppen seien doch übers Meer gekommen, wenn sich die Britannier nur der eigenen Zahl erinnern wollten! Germanien habe auch sein Joch abgeschüttelt, und doch schütze es bloß ein Fluß, nicht der Ozean. Für sie selbst seien Vaterland, Gattinnen und Eltern, für die Feinde nur Habgier und Üppigkeit Anlaß zum Kriege. Der Gegner werde weichen, wie Divus Julius gewichen sei, wofern sie nur mit dem Mannesmut ihrer Altvordern wetteifern wür-

nec ullum in barbaris saevitiae genus omisit ira et victoria. quod nisi Paulinus cognito provinciae motu propere subvenisset, amissa Britannia foret; quam unius proelii fortuna veteri patientiae restituit, tenentibus arma plerisque, quos conscientia defectionis et proprius ex legato timor agitabat, ne quamquam egregius cetera arroganter in deditos et ut suae cuiusque iniuriae ultor durius consuleret.

Missus igitur Petronius Turpilianus tamquam exorabilior et delictis hostium novus eoque paenitentiae mitior compositis prioribus nihil ultra ausus Trebellio Maximo

den. Auch sollten sie nicht über den Ausgang des eines oder andern Gefechtes erschrecken; mehr Schwung hätten die Glücklichen, aber größere Ausdauer finde sich bei den Heimgesuchten. Jetzt hätten auch die Götter mit den Britanniern Erbarmen und hielten den römischen Feldherrn außer Landes, sein Heer auf einer anderen Insel ausgeschaltet fest; jetzt berieten sie selbst gemeinsam, was immer besonders schwierig gewesen sei. Dazu sei es auch bei Beschlüssen dieser Art gefährlicher, sich ertappen zu lassen als zu wagen. Auf solche und ähnliche Weise schürten sie gegenseitig ihre Wut und traten dann allesamt in den Krieg ein, unter Führung Boudiccas, einer Frau aus königlichem Hause, denn beim Oberbefehl kennen sie keinen Unterschied der Geschlechter. Sie machten Jagd auf die über die Festungen verteilten Soldaten und drangen nach Eroberung der Verteidigungswerke sogar in die Militärkolonie ein, die für sie das Bollwerk der Unterdrückung war. Keinen der unter Barbaren üblichen Greuel ließen Rachsucht und Siegesrausch ungeschehen. Wäre daher nicht Paulinus auf die Kunde vom Aufstand der Provinz zu Hilfe geeilt, so wäre Britannien verloren gewesen. Ein einziges glückliches Gefecht nötigte es zur alten Fügsamkeit; doch legten viele die Waffen nicht nieder, da sie das Bewußtsein ihrer Treulosigkeit und persönliche Angst vor dem Legaten beunruhigte, als könnte er trotz seiner sonst hervorragenden Haltung anmaßend gegen die Besiegten auftreten und als Rächer des ihm in jedem Einzelfalle angetanen Unrechts allzu hart verfahren.

So wurde denn Petronius Turpilianus als Nachfolger entsandt, weil man meinte, daß er leichter zu erweichen, weniger vertraut mit den Verfehlungen der Feinde und

provinciam tradidit. Trebellius segnior et nullis castrorum
experimentis comitate quadam curandi provinciam tenuit.
didicere iam barbari quoque ignoscere vitiis blandientibus,
et interventus civilium armorum praebuit iustam segnitiae
excusationem; sed discordia laboratum, cum assuetus expeditionibus miles otio lasciviret. Trebellius, fuga ac latebris vitata exercitus ira indecorus atque humilis, precario
mox praefuit, ac velut pacta exercitus licentia ducis salute
seditio sine sanguine stetit. nec Vettius Bolanus manenti-
bus adhuc civilibus bellis agitavit Britanniam disciplina:
eadem inertia erga hostes, similis petulantia castrorum, nisi
quod innocens Bolanus et nullis delictis invisus caritatem
paraverat loco auctoritatis.

Sed ubi cum cetero orbe Vespasianus et Britanniam
recuperavit, magni duces, egregii exercitus, minuta hostium spes. et terrorem statim intulit Petilius Cerialis, Brigantum civitatem, quae numerosissima provinciae totius
perhibetur, aggressus. multa proelia, et aliquando non in-
cruenta; magnamque Brigantum partem aut victoria amplexus est aut bello. et Cerialis quidem alterius successoris
curam famamque obruisset: subiit sustinuitque molem
Iulius Frontinus, vir magnus, quantum licebat, validamque

daher gegen Reuige milder sei. Nach Beruhigung des früher behaupteten Gebietes wagte er weiter nichts und übergab die Provinz dem Trebellius Maximus. Dieser, ein wenig träge und ohne militärische Erfahrung, beherrschte die Provinz durch Leutseligkeit in der Verwaltung. Jetzt lernten auch die Barbaren verführerische Laster milde beurteilen, und der Ausbruch des Bürgerkrieges lieferte der Untätigkeit eine triftige Entschuldigung; aber dafür litt man an Streit im eigenen Lager, denn den an Feldzüge gewöhnten Soldaten machte die Ruhe übermütig. Trebellius, der sich durch Flucht und Versteck der Wut der Truppen entzog, verlor Ehre und Ansehen und mußte sich als Führer auf Bitten verlegen; wie auf Abrede behielt das Heer seine Liederlichkeit, der Feldherr sein Leben, und so beruhigte sich der Aufruhr ohne Blutvergießen. Ebensowenig hielt Vettius Bolanus, solange der Bürgerkrieg noch andauerte, durch militärische Strenge Britannien in Atem; die Untätigkeit dem Feinde gegenüber blieb die gleiche, der Mutwille der Soldaten ähnlich; nur machte der harmlose Bolanus sich durch keine Untaten verhaßt und erwarb sich statt des Ansehens Liebe.

Aber als Vespasian mit dem übrigen Erdkreis auch Britannien wiedergewonnen hatte, waren die Feldherrn bedeutend, die Heere hervorragend, und die Hoffnung der Feinde schwand dahin. Petilius Cerialis verbreitete sogleich Entsetzen, denn er griff das Volk der Briganten an, das als das zahlreichste der ganzen Provinz gilt. Viele, zuweilen recht blutige Schlachten fanden statt; siegreich oder doch im Kampfe durchzog er einen großen Teil des Brigantenlandes. Gewiß hätte Cerialis eines andern Nachfolgers Umsicht und Ruhm in den Schatten gestellt, aber Julius Fron-

et pugnacem Silurum gentem armis subegit, super virtutem hostium locorum quoque difficultates eluctatus.

Hunc Britanniae statum, has bellorum vices media iam aestate transgressus Agricola invenit, cum et milites velut omissa expeditione ad securitatem et hostes ad occasionem verterentur. Ordovicum civitas haud multo ante adventum eius alam in finibus suis agentem prope universam obtriverat, eoque initio erecta provincia. et quibus bellum volentibus erat, probare exemplum ac recentis legati animum opperiri, cum Agricola, quamquam transvecta aestas, sparsi per provinciam numeri, praesumpta apud militem illius anni quies, tarda et contraria bellum incohaturo, et plerisque custodiri suspecta potius videbatur, ire obviam discrimini statuit; contractisque legionum vexillis et modica auxiliorum manu, quia in aequum degredi Ordovices non audebant, ipse ante agmen, quo ceteris par animus simili periculo esset, erexit aciem; caesaque prope universa gente, non ignarus instandum famae ac, prout prima cessissent, terrorem ceteris fore, Monam insulam, a cuius possessione revocatum Paulinum rebellione totius Britanniae supra memoravi, redigere in potestatem animo intendit. sed, ut in subitis consiliis, naves deerant: ratio et constantia ducis transvexit. depositis omnibus sarcinis lectissimos auxiliarium, quibus nota vada et patrius nandi usus, quo simul seque et arma et equos regunt, ita repente immisit, ut obstupefacti hostes, qui classem, qui navis, qui mare expectabant, nihil arduum aut invictum

tinus, ein in den erlaubten Grenzen großer Mann, nahm
die schwere Last auf sich und zeigte sich ihr gewachsen.
Er unterwarf den mächtigen und kriegerischen Stamm der
Silurer mit Waffengewalt, wobei er außer der Tapferkeit
der Feinde auch die Schwierigkeiten des Geländes zu überwinden hatte.

Dies war die allgemeine und die militärische Lage, die
Agricola vorfand, nachdem er bereits im Hochsommer ab-
gereist war. Die Truppen waren sorgloser Stimmung, als
denke man nicht mehr an einen Feldzug; die Feinde lauer-
ten auf eine günstige Gelegenheit. Der Stamm der Ordoviker hatte kurz vor Agricolas Ankunft eine Reiterabtei-
lung, die auf seinem Gebiet im Quartier lag, fast völlig
aufgerieben, und aus diesem Anlaß war die ganze Provinz
in Bewegung geraten. Wer den Krieg wünschte, billigte
dies Beispiel und wartete nur noch die Art des neuen
Legaten ab. Da beschloß Agricola, obwohl der Sommer
verstrichen, die Heeresabteilungen über die Provinz ver-
streut und bei den Soldaten bereits die Ruhezeit des Jahres
verfrüht eingeleitet war – lauter Umstände, die zu Beginn
eines Krieges hemmen und stören –, der Gefahr entgegen-
zutreten, wenn auch viele meinten, man solle die verdächtigen Vorgänge lieber nur beobachten. Er sammelte Le-
gionsabteilungen und eine kleine Schar Hilfstruppen, und
weil die Ordoviker nicht wagten, in die Ebene hinab-
zurücken, so führte er selbst in vorderster Linie, damit
seine Leute bei ähnlicher Gefahr ebenso mutig wären, sein
Heer aufwärts. Fast der ganze Stamm wurde vernichtet.
Agricola wußte wohl, daß man dem Ruhm auf den Fersen
bleiben muß und dem Ausfall des Anfangs entsprechend
auch das Weitere Schrecken verbreitet. Darum entschloß

crediderint sic ad bellum venientibus. ita petita pace ac dedita insula clarus ac magnus haberi Agricola, quippe cui ingredienti provinciam, quod tempus alii per ostentationem et officiorum ambitum transigunt, labor et periculum placuisset. nec Agricola prosperitate rerum in vanitatem usus expeditionem aut victoriam vocabat victos continuisse; ne laureatis quidem gesta prosecutus est, sed ipsa dissimulatione famae famam auxit aestimantibus, quanta futuri spe tam magna tacuisset.

Ceterum animorum provinciae prudens, simulque doctus per aliena experimenta parum profici armis, si iniuriae sequerentur, causas bellorum statuit excidere. a se suisque orsus primam domum suam coercuit, quod plerisque haud minus arduum est quam provinciam regere. nihil per libertos servosque publicae rei, non studiis privatis nec

er sich, die Insel Mona, von deren Eroberung, wie ich
schon berichtet habe, Paulinus durch einen Aufstand ganz
Britanniens abberufen worden war, zu unterwerfen. Aber
es fehlte an Schiffen, wie das bei plötzlichen Entschlüssen
so geht. Überlegung und Beharrlichkeit des Feldherrn setzte
die Überfahrt durch. Ausgewählte Hilfstruppen, die mit
Untiefen vertraut und durch Erziehung an eine Schwimm-
weise gewöhnt sind, bei der sie sich selbst, ihre Waffen
und ihre Pferde über Wasser halten, ließ er alles Gepäck
ablegen und so plötzlich in die See steigen, daß die ver-
dutzten Feinde, die nur eine Flotte, Schiffe und das Meer
in Betracht zogen, meinten, wer so in den Krieg gehe,
für den gebe es nichts Schwieriges oder Unüberwindliches.
Darum baten sie um Frieden und übergaben ihre Insel.
Da galt Agricola als herrlich und groß, weil er sogleich bei
Erscheinen in der Provinz, zu einer Zeit also, die andere
mit Gepränge unter Ehrenbezeigungen aufdringlicher Stre-
ber verbringen, Mühe und Gefahr erwählt hatte. Auch
machte ihn sein Glück nicht eitel. Einen Feldzug oder gar
Sieg nannte er die Bändigung bereits Besiegter nicht, noch
umwand er den Bericht seiner Taten mit einem Lorbeer-
zweig, sondern er mehrte seinen Ruhm gerade durch Ver-
zicht auf alle Ruhmredigkeit; man vermutete nämlich, seine
Hoffnung auf die Zukunft müsse gewaltig sein, wenn er so
Großes verschweige.

Übrigens beschloß er, jeden Anlaß zum Kriege aus-
zumerzen, da er die Stimmung der Provinz wohl übersah
und die Versuche anderer ihn gelehrt hatten, daß mit
Waffen nur allzu wenig auszurichten sei, wenn sie Unrecht
im Gefolge hätten. Er machte den Anfang bei sich und
den Seinen und hielt vor allem sein Haus in Ordnung,

ex commendatione aut precibus centurionem militesve
ascire, sed optimum quemque fidissimum putare. omnia
scire, non omnia exsequi: parvis peccatis veniam, magnis
severitatem commodare, nec poena semper, sed saepius
paenitentia contentus esse; officiis et administrationibus
potius non peccaturos praeponere, quam damnare cum
peccassent. frumenti et tributorum exactionem aequalitate
munerum mollire, circumcisis quae in quaestum reperta
ipso tributo gravius tolerabantur. namque per ludibrium
assidere clausis horreis et emere ultro frumenta ac luere
pretio cogebantur; divortia itinerum et longinquitas regionum indicebatur, ut civitates proximis hibernis in remota
et avia deferrent, donec, quod omnibus in promptu erat,
paucis lucrosum fieret.

Haec primo statim anno comprimendo egregiam famam paci circumdedit, quae vel incuria vel intolerantia
priorum haud minus quam bellum timebatur. sed ubi aestas
advenit, contracto exercitu multus in agmine, laudare modestiam, disiectos coercere; loca castris ipse capere, aestuaria ac silvas ipse praetemptare; et nihil interim apud
hostes quietum pati, quominus subitis excursibus popula-
retur; atque ubi satis terruerat, parcendo rursus irritamenta

was für sehr viele ebenso schwer ist wie die Leitung einer Provinz. Keine Amtsgeschäfte ließ er durch Freigelassene und Sklaven ausführen; weder aus persönlicher Vorliebe noch auf Empfehlung oder Bitten zog er einen Centurio oder gemeine Soldaten in seine Nähe; sondern die Tüchtigsten hielt er auch für die Zuverlässigsten. Er wußte von allem, ohne doch alles zu verfolgen. Bei kleinen Vergehen ließ er Nachsicht, bei großen Strenge walten; nicht immer strafte er, sondern oft war er schon mit der Reue zufrieden. Zu Beamten und Verwaltern machte er lieber Leute, die sich in keinem Falle vergingen, als daß er sie verurteilte, wenn sie sich vergangen hatten. Die Eintreibung von Getreide und anderen Abgaben machte er durch gerechte Lastenverteilung erträglich; er beschnitt Erfindungen der Habgier, die schlimmer zu ertragen waren als die Abgabe selbst. Denn man zwang die Leute aus Hohn, vor verschlossenen Kornspeichern zu sitzen und obendrein noch Getreide zu kaufen und einen hohen Preis dafür zu zahlen; man gab den Stämmen abgelegene Wege und entfernte Gegenden an, damit sie trotz großer Nähe der Winterlager in entlegene und unwegsame Landesteile lieferten, bis das, was eigentlich allen zur Verfügung stand, zu einem Gewinn für wenige wurde.

Da Agricola dies sogleich im ersten Jahre abstellte, verlieh er dem Frieden, der wegen der Gleichgültigkeit oder Maßlosigkeit seiner Vorgänger wie der Krieg gefürchtet wurde, einen hervorragenden Ruf. Aber sobald der Sommer nahte, zog er ein Heer zusammen und verweilte viel bei der Truppe, lobte die gute Zucht und hielt die Haltlosen an ihrem Platz fest. Den Ort für das Lager wählte er selbst, und ebenso prüfte er zuerst Buchten und Wälder.

pacis ostentare. quibus rebus multae civitates, quae in illum diem ex aequo egerant, datis obsidibus iram posuere et praesidiis castellisque circumdatae, tanta ratione curaque, ut nulla ante Britanniae nova pars pariter illacessita transierit.

Sequens hiems saluberrimis consiliis assumpta. namque ut homines dispersi ac rudes eoque in bella faciles quieti et otio per voluptates assuescerent, hortari privatim, adiuvare publice, ut templa fora domos extruerent, laudando promptos, castigando segnes: ita honoris aemulatio pro necessitate erat. iam vero principum filios liberalibus artibus erudire et ingenia Britannorum studiis Gallorum anteferre, ut, qui modo linguam Romanam abnuebant, eloquentiam concupiscerent. inde etiam habitus nostri honor et frequens toga; paulatimque discessum ad delenimenta vitiorum, porticus et balinea et conviviorum elegantiam; idque apud imperitos humanitas vocabatur, cum pars servitutis esset.

Tertius expeditionum annus novas gentes aperuit, vastatis usque ad Tanaum (aestuario nomen est) nationibus. qua formidine territi hostes quamquam conflictatum saevis tempestatibus exercitum lacessere non ausi, ponendisque insuper castellis spatium fuit. adnotabant periti non alium

Inzwischen ließ er den Feinden keine Ruhe, sondern verwüstete ihr Land in plötzlichen Ausfällen; hatte er sie genügend erschreckt, dann zeigte er ihnen durch Schonung aufs neue die Reizmittel des Friedens. Darum stellten viele Stämme, die vorher unabhängig gewesen waren, Geiseln und grollten nicht länger. Sie wurden mit Truppen und Festungen umgeben, so überlegt und sorgsam, daß noch niemals vorher ein neues Gebiet Britanniens so reibungslos sich eingegliedert hatte.

Auch der folgende Winter wurde auf recht förderliche Pläne verwandt. Denn um die zerstreut lebenden, ungebildeten und daher zum Kriege geneigten Leute durch Genüsse an Ruhe und Frieden zu gewöhnen, forderte er sie persönlich auf, Tempel, Marktplätze und Häuser zu errichten, und half ihnen darin aus Staatsmitteln, wobei er die Tatkräftigen lobte, die Säumigen schalt; so trat der Wetteifer um Auszeichnungen an die Stelle des Zwanges. Er ließ sogar schon Fürstensöhne in die höhere Bildung einführen und zog den Geist der Britannier dem Fleiß der Gallier vor. Darum strebten diejenigen, die noch kurz vorher die römische Sprache abgelehnt hatten, jetzt nach Schulung der Rede. So wurde auch unsere Kleidung beliebt und die Toga gebräuchlich; allmählich verirrte man sich auch zu den Lockmitteln des Lasters, Säulenhallen, Bädern und üppigen Mahlzeiten. Das hieß bei einfältigen Gemütern feine Erziehung, gehörte aber zur Knechtschaft.

Das dritte Feldzugsjahr erschloß neue Völker, denn bis zum Tanaus (so heißt eine Bucht) wurde das Gebiet der Stämme verwüstet. Aus Angst hiervor wagten die Feinde nicht, das Heer zu reizen, obwohl es durch wütende Stürme übel mitgenommen war; so blieb noch Zeit, Festungen

ducem opportunitates locorum sapientius legisse; nullum ab Agricola positum castellum aut vi hostium expugnatum aut pactione ac fuga desertum; nam adversus moras obsidionis annuis copiis firmabantur. ita intrepida ibi hiems, crebrae eruptiones et sibi quisque praesidio, irritis hostibus eoque desperantibus, quia soliti plerumque damna aestatis hibernis eventibus pensare tum aestate atque hieme **iuxta** pellebantur. nec Agricola umquam per alios gesta avidus intercepit: seu centurio seu praefectus incorruptum facti testem habebat. apud quosdam acerbior in conviciis narrabatur, et erat ut comis bonis, ita adversus malos iniucundus. ceterum ex iracundia nihil supererat secretum, ut silentium eius non timeres: honestius putabat offendere quam odisse.

Quarta aestas obtinendis quae percucurrerat insumpta; ac si virtus exercituum et Romani nominis gloria pateretur, inventus in ipsa Britannia terminus. namque Clota et Bodotria, diversi maris aestibus per immensum revectae, angusto terrarum spatio dirimuntur; quod tum praesidiis firmabatur atque omnis propior sinus tenebatur, submotis velut in aliam insulam hostibus.

anzulegen. Sachverständige heben hervor, kein Feldherr habe mit größerer Klugheit geeignete Plätze erwählt; keine der von Agricola angelegten Festungen sei gewaltsam vom Feinde erobert oder nach Kapitulation oder durch Flucht verlassen worden, denn gegen langwierige Belagerungen wurden sie mit Jahresvorräten ausgerüstet. So war dort der Winter ungefährlich, häufig fanden Ausfälle statt, und jeder Kommandant kam für den eigenen Schutz auf, während die Feinde nichts erreichten und deswegen verzweifelten, denn in der Regel pflegten sie die Schlappen des Sommers durch Ereignisse des Winters auszugleichen, jetzt aber wurden sie im Winter ebenso wie im Sommer geschlagen. Niemals auch beanspruchte Agricola fremde Taten ehrgeizig für sich; mochte ein Centurio oder ein Präfekt etwas leisten, er war ein unbestechlicher Zeuge der Tat. Einige schilderten ihn als gar zu bitter bei Scheltreden, und er war auch, so freundlich er gegen Tüchtige sein konnte, Schlechten gegenüber unangenehm. Doch blieb kein geheimer Groll zurück, sein Schweigen brauchte man daher nicht zu fürchten. Er hielt es für redlicher, Anstoß zu erregen als zu hassen.

Den vierten Sommer verwandte er darauf, das rasch durchzogene Gebiet zu sichern, und wenn der Mut der Truppen und der Ruhm des Römernamens es zugelassen hätte, so wäre in Britannien selbst ein Zielpunkt gefunden worden. Denn die Buchten Clota und Bodotria, die durch die Fluten des von beiden Seiten einströmenden Meeres weit ins Innere vertieft sind, trennt nur ein schmaler Landstreifen; er wurde damals befestigt, und damit war das ganze diesseits gelegene Gebiet in unserer Hand, da sich die Feinde gleichsam auf eine andere Insel entfernt hatten.

Quinto expeditionum anno nave prima transgressus ignotas ad id tempus gentes crebris simul ac prosperis proeliis domuit; eamque partem Britanniae quae Hiberniam aspicit copiis instruxit, in spem magis quam ob formidinem, si quidem Hibernia, medio inter Britanniam atque Hispaniam sita et Gallico quoque mari opportuna, valentissimam imperii partem magnis invicem usibus miscuerit. spatium eius, si Britanniae comparetur, angustius, nostri maris insulas superat. solum caelumque et ingenia cultusque hominum haud multum a Britannia differunt; aditus portusque per commercia et negotiatores cogniti. Agricola expulsum seditione domestica unum ex regulis gentis exceperat ac specie amicitiae in occasionem retinebat. saepe ex eo audivi legione una et modicis auxiliis debellari obtinerique Hiberniam posse; idque etiam adversus Britanniam profuturum, si Romana ubique arma, et velut e conspectu libertas tolleretur.

Ceterum aestate, qua sextum officii annum incohabat, amplexus civitates trans Bodotriam sitas, quia motus universarum ultra gentium et infesta hostilis exercitus itinera timebantur, portus classe exploravit; quae ab Agricola primum assumpta in partem virium sequebatur egregia specie, cum simul terra, simul mari bellum impelleretur, ac saepe isdem castris pedes equesque et nauticus miles mixti copiis et laetitia sua quisque facta, suos casus attollerent, ac modo silvarum ac montium profunda, modo

Im fünften Feldzugsjahre setzte er bei Beginn der Schiff-
fahrt über und bezwang vorher unbekannte Stämme in
zahlreichen und zugleich glücklichen Gefechten. Den Hibernien zugekehrten Teil Britanniens besetzte er mehr aus
Hoffnung als aus Furcht, da Hibernien, in der Mitte zwischen Britannien und Hispanien gelegen und auch vom
gallischen Meer aus leicht erreichbar, die bedeutendsten
Teile unseres Reiches in lebhaftem Austauschverkehr verbinden könnte. Seine Ausdehnung ist im Vergleich zu
Britannien beschränkt, übertrifft aber die Inseln unseres
Meeres. Boden und Klima, sowie Begabung und Bildung
der Einwohner weichen nicht sehr von Britannien ab; An-
fahrten und Häfen sind durch Handel und Kaufleute bekannt. Agricola hatte einen der Kleinfürsten, den ein Aufstand seines Stammes vertrieben hatte, aufgenommen und
hielt ihn unter dem Schein der Freundschaft in der Hoffnung auf eine gute Gelegenheit fest. Er hat mir oft gesagt,
Hibernien könne durch eine Legion und wenige Hilfstruppen besiegt und behauptet werden; auch werde es im
Hinblick auf Britannien förderlich sein, wenn sich ringsum
römische Waffen befänden und die Freiheit gleichsam aus
dem Gesichtskreis verschwände.

In dem Sommer jedoch, der sein sechstes Amtsjahr ein-
leitete, richtete er sein Augenmerk auf die jenseits der
Bodotria wohnenden Stämme, und weil man einen Aufstand sämtlicher dort lebenden Völker und die für ein
Heer in Feindesland gefährlichen Märsche fürchtete, so
erkundete er ihre Häfen mit der Flotte. Diese war zum
erstenmal von Agricola unter die Streitkräfte aufgenommen
und bot als Geleit einen herrlichen Anblick, denn so wurde
der Krieg gleichzeitig zu Wasser und zu Lande vorgetrie-

tempestatum ac fluctuum adversa, hinc terra et hostis, hinc victus Oceanus militari iactantia compararentur. Britannos quoque, ut ex captivis audiebatur, visa classis obstupefaciebat, tamquam aperto maris sui secreto ultimum victis perfugium clauderetur. ad manus et arma conversi Caledoniam incolentes populi magno paratu, maiore fama, uti mos est de ignotis, oppugnare ultro castellum adorti, metum ut provocantes addiderant; regrediendumque citra Bodotriam et cedendum potius quam pellerentur ignavi specie prudentium admonebant, cum interim cognoscit hostis pluribus agminibus irrupturos. ac ne superante numero et peritia locorum circumiretur, diviso et ipse in tres partes exercitu incessit.

Quod ub i cognitum hosti, mutato repente consilio universi no nam legionem ut maxime invalidam nocte aggressi inter s omnum ac trepidationem caesis vigilibus irrupere. iamqu e in ipsis castris pugnabatur, cum Agricola iter hostium ab exploratoribus edoctus et vestigiis insecutus velocissimos e quitum peditumque assultare tergis pugnantium iubet, mox ab universis adici clamorem; et propinqua luce fulse re signa. ita ancipiti malo territi Britanni,

ben, und oft priesen in ein und demselben Lager Fuß-
soldat, Reiter und Matrose, bei reichlichen Vorräten in
froher Stimmung vereint, einzeln ihre Heldentaten und
Schicksale, wobei sie bald die Tiefen der Wälder und Gebirge, bald die Not der Stürme und Wellen, teils den Sieg
über Land und Feind, teils die Überwindung des Ozeans
mit soldatischer Ruhmredigkeit verglichen. Die Britannier
versetzte, wie man von Gefangenen hörte, der Anblick
der Flotte in starres Erstaunen, als ob nach Eröffnung der
Geheimnisse ihres Meeres den Besiegten die letzte Zuflucht
verschlossen sei. Die Bewohner Kaledoniens hatten sich
auf Abwehr mit den Waffen besonnen und waren dazu
übergegangen, nach starker Rüstung, die das Gerücht, wie
gewöhnlich bei unbekannten Dingen, noch vergrößerte,
aus freiem Entschluß eine Festung anzugreifen. Als Heraus-
forderer hatten sie die ohnehin vorhandene Angst noch
gesteigert. Feiglinge empfahlen unter dem Schein der
Klugheit, über die Bodotria zurückzugehen und lieber zu
weichen als sich schlagen zu lassen; da erfuhr Agricola,
die Feinde wollten in mehreren Heeressäulen einrücken.
Um nicht durch ihre Überzahl und Ortskenntnis über-
wältigt zu werden, teilte er ebenfalls sein Heer in drei
Teile und rückte dann vor.

Als die Feinde dies hörten, änderten sie plötzlich ihren
Plan. Insgesamt griffen sie die neunte Legion als die
schwächste bei Nacht an, erschlugen die Wachen und
brachen ins Lager ein, wo sich alles in Schlaf oder Unordnung befand. Schon kämpfte man dort, da erfuhr Agricola durch Späher von dem Zuge der Feinde, folgte ihren
Spuren und befahl den schnellsten Reitern und Fußsoldaten,
die Kämpfenden von hinten zu überfallen; später ließ er

et nonanis rediit animus, ac securi pro salute de gloria certabant. ultro quin etiam erupere, et fuit atrox in ipsis portarum angustiis proelium, donec pulsi hostes, utroque exercitu certante, his, ut tulisse opem, illis, ne eguisse auxilio viderentur. quod nisi paludes et silvae fugientes texissent, debellatum illa victoria foret.

Cuius conscientia ac fama ferox exercitus nihil virtuti suae invium et penetrandam Caledoniam inveniendumque tandem Britanniae terminum continuo proeliorum cursu fremebant. atque illi modo cauti ac sapientes prompti post eventum ac magniloqui erant. iniquissima haec bellorum condicio est: prospera omnes sibi vindicant, adversa uni imputantur. at Britanni non virtute se victos, sed occasione et arte ducis rati nihil ex arrogantia remittere, quominus iuventutem armarent, coniuges ac liberos in loca tuta transferrent, coetibus et sacrificiis conspirationem civitatum sancirent. atque ita irritatis utrimque animis discessum.

Eadem aestate cohors Usiporum per Germanias conscripta et in Britanniam transmissa magnum ac memorabile facinus ausa est. occiso centurione ac militibus, qui ad tra-

das ganze Heer ein Geschrei erheben. Bei Tagesanbruch leuchteten dann die Feldzeichen auf. So erschreckte die Britannier Unheil auf zwei Seiten, und die neunte Legion faßte wieder Mut; ohne Sorge für ihr Leben kämpfte sie nur noch um Ruhm. Sie machte sogar freiwillig einen Ausfall, und in der Enge der Lagertore entspann sich ein fürchterlicher Kampf, bis die Feinde geschlagen waren. Hierbei wetteiferten beide Heere um den Ruhm, das eine, Hilfe gebracht, das andere, Beistand nicht gebraucht zu haben. Hätten nicht Sümpfe und Wälder die Flüchtlinge gedeckt, der Krieg wäre durch diesen Sieg entschieden gewesen.

Die Truppen machte Siegesbewußtsein und Ruhm unbändig. Sie verkündeten lärmend, ihrer Tapferkeit sei nichts unzugänglich; man solle Kaledonien durchdringen und in einer fortlaufenden Reihe von Gefechten endlich Britanniens Grenzmark erreichen. Gerade die kurz zuvor noch Vorsichtigen und Klugen waren nun nach dem Siege tatenlustig und führten das große Wort. Das ist im Kriege ein höchst ungerechtes Verhältnis: das Glück schreibt ein jeder sich zu, das Unglück wird einem einzigen aufgebürdet. Die Britannier dagegen meinten, sie seien nicht durch Tapferkeit, sondern durch Zufall und Feldherrnkunst besiegt. Sie gaben ihre Anmaßung nicht im geringsten auf, sondern bewaffneten ihre Jugend, brachten Frauen und Kinder in Sicherheit und gaben der Verschwörung ihrer Stämme durch Versammlungen und Opfer die Weihe. So entfernte man sich beiderseits in erbitterter Stimmung.

In diesem Sommer wagte eine Kohorte der Usiper, die in Germanien ausgehoben und nach Britannien hinübergesandt worden war, eine große, erwähnenswerte Tat. Sie

dendam disciplinam immixti manipulis exemplum et rectores habebantur, tres liburnicas adactis per vim gubernatoribus ascendere; et uno remigante, suspectis duobus eoque interfectis, nondum vulgato rumore ut miraculum praevehebantur. mox ad aquam atque utilia rapienda cum plerisque Britannorum sua defensantium proelio congressi ac saepe victores, aliquando pulsi, eo ad extremum inopiae venere, ut infirmissimos suorum, mox sorte ductos vescerentur. atque ita circumvecti Britanniam, amissis per inscitiam regendi navibus, pro praedonibus habiti, primum a Suebis, mox a Frisiis intercepti sunt. ac fuere, quos per commercia venumdatos et in nostram usque ripam mutatione ementium adductos indicium tanti casus illustravit.

Initio aestatis Agricola domestico vulnere ictus anno ante natum filium amisit. quem casum neque ut plerique fortium virorum ambitiose neque per lamenta rursus ac maerorem muliebriter tulit; et in luctu bellum inter remedia erat. igitur praemissa classe, quae pluribus locis praedata magnum et incertum terrorem faceret, expedito exercitu, cui ex Britannis fortissimos et longa pace exploratos addiderat, ad montem Graupium pervenit, quem iam hostis insederat. nam Britanni nihil fracti pugnae prioris eventu et ultionem aut servitium expectantes tandemque

tötete einen Centurio und einige Gemeine, die, zur Erhaltung der Zucht auf die Manipeln verteilt, als Beispiel und Vorgesetzte angestellt waren, und bestieg drei Schnellsegler, nachdem sie Steuermänner zum Dienst gepreßt hatte. Einer von diesen ließ rudern, die andern beiden benahmen sich verdächtig und wurden deshalb umgebracht. Dann fuhren die Meuterer, noch ehe die Kunde von ihrem Tun sich verbreitet hatte, wie eine Wundererscheinung die Küste entlang. Später stießen sie, um Wasser und andere Notwendigkeiten zu erbeuten, mit vielen Britanniern, die ihre Habe verteidigen wollten, im Kampfe zusammen und gerieten endlich nach häufigen Siegen und einigen Niederlagen in solche Not, daß sie zuerst die Geschwächtesten der Mannschaft, später die durchs Los Getroffenen auffraßen. So umfuhren sie Britannien, verloren dann infolge mangelnder Erfahrung im Steuern ihre Schiffe und wurden, da man Seeräuber in ihnen sah, zuerst von den Sueben, dann von den Friesen aufgegriffen. Manchen, die auf dem Handelswege verkauft wurden und durch Tausch der Besitzer bis auf das linke Rheinufer gelangten, verlieh noch die Erzählung eines solchen Schicksals Ruhm.

Zu Beginn des nächsten Sommers traf ein Unglück im eigenen Hause Agricola; er verlor den ein Jahr zuvor geborenen Sohn. Diesen Schlag ertrug er weder, wie viele tapfere Männer, in falschem Stolze noch wiederum mit Jammern und Trübsal nach Weiberart. In seinem Kummer diente ihm auch der Krieg zur Linderung. Daher schickte er die Flotte voraus, um durch Plünderung an verschiedenen Orten ein großes und unbestimmtes Entsetzen zu erregen; dann machte er das Heer, dem er die tapfersten, in langer Friedenszeit erprobten Britannier beigegeben

docti commune periculum concordia propulsandum, legationibus et foederibus omnium civitatium vires exciverant.
iamque super triginta milia armatorum aspiciebantur et
adhuc affluebat omnis iuventus et quibus cruda ac viridis
senectus, clari bello et sua quisque decora gestantes, cum
inter plures duces virtute et genere praestans nomine Calgacus apud contractam multitudinem proelium poscentem
in hunc modum locutus fertur:

'Quotiens causas belli et necessitatem nostram in-
tueor, magnus mihi animus est hodiernum diem consen-
sumque vestrum initium libertatis toti Britanniae fore;
nam et universi coistis et servitutis expertes et nullae ultra
terrae ac ne mare quidem securum imminente nobis classe
Romana. ita proelium atque arma, quae fortibus honesta,
eadem etiam ignavis tutissima sunt. priores pugnae, quibus
adversus Romanos varia fortuna certatum est, spem ac
subsidium in nostris manibus habebant, quia nobilissimi
totius Britanniae eoque in ipsis penetralibus siti nec ulla
servientium litora aspicientes oculos quoque a contactu
dominationis inviolatos habebamus. nos terrarum ac libertatis extremos recessus ipse ac sinus famae in hunc diem
defendit: nunc terminus Britanniae patet, atque omne igno-
tum pro magnifico est; sed nulla iam ultra gens, nihil nisi

hatte, marschfertig und gelangte so zum Graupius, einem
Berge, den die Feinde schon besetzt hatten. Die Britannier
waren nämlich durch den Verlauf der vorigen Schlacht
durchaus nicht gebrochen; sie sahen nur Rache oder
Knechtschaft vor sich und hatten endlich begriffen, daß
die allgemeine Gefahr allein durch Einigkeit zu bannen
sei, darum hatten sie durch Gesandtschaften und Bündnisse
die Streitkräfte aller Stämme aufgeboten. Schon waren
über dreißigtausend Mann in Waffen zu sehen; außerdem
strömte die gesamte Jugend herbei und auch die alten
Krieger, soweit sie rüstig und frisch waren, berühmte
Kämpfer, ein jeder im Schmuck seiner Ehrenzeichen. Da
sprach, wie es heißt, ein Mann namens Calgacus, der unter
mehreren Anführern durch Mut und Herkunft hervorstach,
etwa folgendermaßen zu der dichtgedrängten Menge, die
nach Kampf verlangte:

„Wenn ich die Ursachen des Krieges und unsere Not-
lage betrachte, so schöpfe ich die große Hoffnung, daß
mit dem heutigen Tage die Freiheit ganz Britanniens beginnt, denn ihr seid insgesamt und frei von Knechtschaft
angetreten, und hinter uns ist kein Land mehr, ja selbst
das Meer ist nicht mehr sicher, da uns die römische Flotte
bedroht. So sind Kampf und Waffen, die Ehre der Tapferen,
ebenso auch für die Feigen das Sicherste. Bei den früheren
Schlachten, in denen man mit wechselndem Glücke gegen
die Römer stritt, beruhte Hoffnung und Hilfe auf unserer
Kraft, weil wir, die Edelsten ganz Britanniens, darum im
Herzen des Landes wohnhaft und ohne Ausblick auf die
Küste eines versklavten Volkes, auch unsere Augen von
der Berührung mit der Fremdherrschaft unbefleckt erhielten. Am Ende der Erde hat uns, die letzten Freien,

fluctus ac saxa, et infestiores Romani, quorum superbiam
frustra per obsequium ac modestiam effugias. raptores orbis,
postquam cuncta vastantibus defuere terrae, mare scru-
tantur; si locuples hostis est, avari, si pauper, ambitiosi,
quos non Oriens, non Occidens satiaverit, soli omnium
opes atque inopiam pari affectu concupiscunt; auferre
trucidare rapere falsis nominibus imperium, atque ubi soli-
tudinem faciunt, pacem appellant.

Liberos cuique ac propinquos suos natura carissimos
esse voluit: hi per dilectus alibi servituri auferuntur; coniuges sororesque etiamsi hostilem libidinem effugerunt,
nomine amicorum atque hospitum polluuntur; bona fortu-
naeque in tributum, ager atque annus in frumentum, corpora ipsa ac manus silvis ac paludibus emuniendis inter
verbera et contumelias conteruntur. nata servituti mancipia semel veneunt atque ultro a dominis aluntur; Britannia servitutem suam cotidie emit, cotidie pascit. ac
sicut in familia recentissimus quisque servorum etiam con-
servis ludibrio est, sic in hoc orbis terrarum vetere famu-
latu novi nos et viles in excidium petimur; neque enim
arva nobis aut metalla aut portus sunt, quibus exercendis
reservemur. virtus porro ac ferocia subiectorum ingrata
imperantibus; et longinquitas ac secretum ipsum quo tu-

eben diese Abgeschiedenheit und Geborgenheit vor dem
Ruhm bis auf diesen Tag beschützt: jetzt liegt Britanniens
Grenze offen da, und alles Unbekannte gilt als großartig;
kein Volk ist aber mehr hinter uns, nur noch Meer und
Klippen und, feindlicher noch, die Römer, deren Stolz
man durch Willfährigkeit und Maßhalten vergebens zu
entfliehen sucht. Als Räuber der Welt, denen für ihre allgemeine Zerstörungswut kein Land mehr bleibt, durch-
stöbern sie jetzt die See; ist der Feind vermögend, so sind
sie habgierig, ist er arm, so treibt sie der Ehrgeiz. Weder
Orient noch Okzident kann sie ersättigen; als einzige von
allen richten sie ihr Begehren mit gleicher Leidenschaft
auf Reichtum und Mittellosigkeit. Rauben, morden und
plündern nennen sie fälschlich regieren, und wo sie eine
Einöde schaffen, da sprechen sie ebenso verkehrt von
Frieden.

Daß einem jeden Kinder und Verwandte das Teuerste
sind, hat die Natur so gewollt; die unseren werden durch
Aushebungen zum Dienst im fremden Lande verschleppt.
Gattinnen und Schwestern werden, auch wenn sie der
Lüsternheit des Feindes entgangen sind, unter dem Schein
der Freundschaft und des Gastrechts geschändet. Güter
und Vermögen werden durch Abgaben, der Jahresertrag
des Landes durch Getreidelieferungen, die Menschen selbst
und ihre Kräfte beim Wegebau in Wäldern und Sümpfen
unter Schlägen und Beschimpfungen zugrunde gerichtet.
Zur Knechtschaft geborene Sklaven werden nur einmal
verkauft und obendrein von ihren Herren ernährt; Britannien muß seine Knechtschaft täglich erkaufen, täglich
nähren. Und wie in einem Sklavenhaufen die allerneuesten
auch ihren Mitsklaven zum Gespötte dienen, so werden

tius, eo suspectius. ita sublata spe veniae tandem sumite animum, tam quibus salus quam quibus gloria carissima est.

Brigantes femina duce exurere coloniam, expugnare castra, ac nisi felicitas in socordiam vertisset, exuere iugum potuere: nos integri et indomiti et in libertatem, non in paenitentiam arma laturi primo statim congressu ostendamus, quos sibi Caledonia viros seposuerit. an eandem Romanis in bello virtutem quam in pace lasciviam adesse creditis? nostris illi dissensionibus ac discordiis clari vitia hostium in gloriam exercitus sui vertunt; quem contractum ex diversissimis gentibus ut secundae res tenent, ita adversae dissolvent, nisi si Gallos et Germanos et (pudet dictu) Britannorum plerosque, licet dominationi alienae sanguinem commodent, diutius tamen hostes quam servos, fide et affectu teneri putatis. metus ac terror est, infirma vincla caritatis; quae ubi removeris, qui timere desierint, odisse incipient. omnia victoriae incitamenta pro nobis sunt: nullae Romanos coniuges accendunt, nulli parentes fugam exprobraturi sunt; aut nulla plerisque patria aut alia est. paucos numero, trepidos ignorantia, caelum ipsum ac mare et silvas, ignota omnia circumspectantes, clausos quodam modo ac vinctos di vobis tradiderunt. ne terreat vanus aspectus et auri fulgor atque argenti, quod neque

wir, unter der alten Sklavenschar der ganzen Welt jung und verachtet, bis zur Vernichtung verfolgt, denn wir haben keine Felder, Bergwerke oder Häfen, für deren Besorgung wir erhalten zu werden brauchten. Außerdem sind Mannheit und Wildheit der Untertanen den Herrschern unangenehm, und gerade weite Entfernung und Verborgenheit, je mehr sie schützen, um so verdächtiger. Hoffnung auf Gnade gibt es nicht mehr; darum ermannt euch endlich, ihr, denen das Leben, und ihr, denen der Ruhm das Teuerste ist!

Die Briganten haben unter Führung einer Frau eine Kolonie einäschern und ein Lager erobern können; wären sie im Glück nicht leichtsinnig geworden, sie hätten ihr Joch abzuschütteln vermocht. Wir sind unversehrt, unbesiegt und bereit, die Waffen zu tragen, um frei zu bleiben, nicht um zu bereuen. Darum wollen wir sogleich beim ersten Zusammenstoß zeigen, was für Männer Kaledonien sich bewahrt hat! Oder meint ihr, daß die Römer im Kriege eine Tapferkeit zeigen, die ebenso groß ist wie ihre Ausschweifungen im Frieden? Nein, sie glänzen nur durch unsere Uneinigkeit und Zwietracht und verwenden die Schwächen ihrer Feinde zum Ruhme ihres Heeres, das, gebildet aus den verschiedensten Völkern, zwar im Glück zusammenhält, im Unglück aber sich auflöst. Aber vielleicht glaubt ihr, daß Gallier, Germanen und – ein beschämendes Wort! – viele Britannier, die wohl der Fremdherrschaft ihr Leben hingeben, aber doch länger Feinde als Knechte gewesen sind, sich durch Treue und Anhänglichkeit gebunden fühlen? Nein, nur Furcht und Schrecken hält sie, und das sind schwache Liebesbande; fallen sie, so beginnt mit dem Aufhören der Angst der Haß. Alle Lockungen des Sieges

tegit neque vulnerat. in ipsa hostium acie inveniemus nostras manus: agnoscent Britanni suam causam, recorda-
buntur Galli priorem libertatem, tam deserent illos ceteri
Germani, quam nuper Usipi reliquerunt. nec quicquam
ultra formidinis: vacua castella, senum coloniae, inter male
parentes et iniuste imperantes aegra municipia et discor-
dantia. hic dux, hic exercitus; ibi tributa et metalla et
ceterae servientium poenae, quas in aeternum perferre aut
statim ulcisci in hoc campo est. proinde ituri in aciem et
maiores vestros et posteros cogitate.'

Excepere orationem alacres, ut barbaris moris, fre-
mitu cantuque et clamoribus dissonis. iamque agmina et
armorum fulgores audentissimi cuiusque procursu; simul
instruebatur acies, cum Agricola quamquam laetum et vix
munimentis coercitum militem accendendum adhuc ratus,
ta disseruit:

stehen auf unserer Seite: keine Weiber spornen die Römer an, keine Eltern werden ihnen eine Flucht zum Vorwurf machen; viele haben überhaupt kein Vaterland oder ein anderes. Eine kleine, von der eigenen Unkenntnis beunruhigte Schar, die selbst Himmel, Meer und Wald als völlig unbekannte Dinge mit den Augen absucht, haben die Götter euch gewissermaßen eingeschlossen und gefesselt ausgeliefert. Laßt euch nicht schrecken durch eitlen Schein, durch den Schimmer von Gold und Silber, die weder schützen noch verwunden! Mitten unter den Feinden werden wir befreundete Truppen finden; die Britannier werden die eigene Partei erkennen, die Gallier sich der früheren Freiheit entsinnen, die noch übrigen Germanen ebenso fahnenflüchtig werden wie neulich die Usiper. Auch ist auf der Gegenseite weiter nichts zu befürchten; die Festungen sind leer, die Militärkolonien in den Händen alter Männer, die Bürgerstädte aufgewiegelt und uneins, unwillig gehorchend und ungerecht geleitet. Bei uns ist ein Anführer und ein Heer, bei ihnen Abgaben, Bergwerksarbeit und die übrigen Strafmittel für Knechte. Ob wir diese ewig ertragen oder jetzt für sie Rache nehmen, das hängt von diesem Schlachtfeld ab. Also denkt, wenn ihr nun in den Kampf geht, an eure Vorfahren und Nachkommen!"

Freudig nahmen die Hörer die Rede auf, mit Getöse, Gesang und verworrenem Geschrei, wie die Barbaren pflegen. Schon zeigte sich das Heer, und Waffen blitzten auf, wenn die Kecksten voranstürmten; zugleich ordneten sich die Reihen. Da meinte Agricola, er müsse seine Truppen, obgleich sie guter Stimmung und innerhalb der Verschanzung kaum zu bändigen waren, noch stärker begeistern; darum hielt er folgende Rede:

'Septimus annus est, commilitones, ex quo virtute et
auspiciis imperii Romani, fide atque opera nostra Britanniam vicistis. tot expeditionibus, tot proeliis, seu forti-
tudine adversus hostes seu patientia ac labore paene adversus ipsam rerum naturam opus fuit, neque me militum
neque vos ducis paenituit. ergo egressi, ego veterum lega-
torum, vos priorum exercituum terminos, finem Britanniae
non fama nec rumore, sed castris et armis tenemus: in-
venta Britannia et subacta. equidem saepe in agmine, cum
vos paludes montesve et flumina fatigarent, fortissimi
cuiusque voces audiebam: 'quando dabitur hostis, quando
acies?': veniunt, e latebris suis extrusi, et vota virtusque
in aperto, omniaque prona victoribus atque eadem victis
adversa. nam ut superasse tantum itineris, evasisse silvas,
transisse aestuaria pulchrum ac decorum in frontem, item
fugientibus periculosissima quae hodie prosperrima sunt;
neque enim nobis aut locorum eadem notitia aut commeatuum eadem abundantia, sed manus et arma et in his omnia.
quod ad me attinet, iam pridem mihi decretum est neque
exercitus neque ducis terga tuta esse. proinde et honesta
mors turpi vita potior, et incolumitas ac decus eodem loco
sita sunt; nec inglorium fuerit in ipso terrarum ac naturae
fine cecidisse.

„Sechs volle Jahre habt ihr, Kameraden, mit der Kraft
und Weihe des kaiserlichen Roms und meinem getreuen
Beistande Siege über Britannien errungen. In vielen Feldzügen, vielen Kämpfen habe weder ich mich meiner Soldaten noch ihr euch eures Anführers zu schämen brauchen, ob nun Tapferkeit gegen den Feind oder Geduld
und Anstrengung fast gegen die Naturgewalten selbst er-
forderlich war. So sind wir hinausgekommen, ich über
die Ziele der alten Legaten, ihr über die der früheren
Heere, und behaupten Britanniens Grenzgebiet nicht nur
dem Namen und Gerüchte nach, sondern mit Lager und
Waffen; entdeckt ist Britannien und zugleich auch bezwungen. Oft habe ich auf dem Marsche, wenn euch
Sümpfe oder Berge und Flüsse ermatteten, aus dem Munde
der Tapfersten vernommen: ‚Wann gibt man uns den
Feind, wann die Schlacht?‘ Jetzt kommen sie, aus ihren
Verstecken aufgestört; Wünsche und Tapferkeit haben freie
Bahn, alles ist leicht für die Sieger und entsprechend schwierig für die Besiegten. Denn auf dem Vormarsch zwar ist
es rühmlich und ehrenvoll, einen so langen Weg zurück-
gelegt, Wälder durchmessen und Buchten überschritten
zu haben, aber ebenso ist für Flüchtige höchst gefährlich,
was heute besonders günstig ist; haben wir doch weder
eine Ortskenntnis noch einen Reichtum an Hilfsquellen
wie die Feinde, sondern nur unsere Fäuste und Waffen,
und auf ihnen beruht alles. Was mich betrifft, so ist mir
schon lange klar, daß weder Heer noch Anführer Rückendeckung haben. Darum ist auch ein ruhmvoller Tod besser
als ein schimpfliches Leben, und Rettung und Ehre stehen
auf einer Seite; es dürfte auch kein geringes Lob sein, am
Ende der Erde und damit der Welt zu fallen.

Si novae gentes atque ignota acies constitisset, aliorum exercituum exemplis vos hortarer; nunc vestra decora recensete, vestros oculos interrogate. hi sunt, quos proximo anno unam legionem furto noctis aggressos clamore debellastis; hi ceterorum Britannorum fugacissimi ideoque tam diu superstites. quo modo silvas saltusque penetrantibus fortissimum quodque animal contra ruere, pavida et inertia ipso agminis sono pellebantur, sic acerrimi Britannorum iam pridem ceciderunt, reliquus est numerus ignavorum et metuentium. quos quod tandem invenistis, non restiterunt, sed deprehensi sunt: novissimae res et extremo metu torpor defixere aciem in his vestigiis, in quibus pulchram et spectabilem victoriam ederetis. transigite cum expeditionibus, imponite quinquaginta annis magnum diem, approbate rei publicae numquam exercitui imputari potuisse aut moras belli aut causas rebellandi.'

Et alloquente adhuc Agricola militum ardor eminebat, et finem orationis ingens alacritas consecuta est, statimque ad arma discursum. instinctos ruentesque ita disposuit, ut peditum auxilia, quae octo milium erant, mediam aciem firmarent, equitum tria milia cornibus affunderentur. legiones pro vallo stetere, ingens victoriae decus citra Romanum sanguinem bellandi, et auxilium, si pellerentur. Britannorum acies in speciem simul ac terrorem editioribus

Wenn unbekannte Stämme und eine nie gesehene Heeresordnung vor uns stünde, würde ich euch mit dem Beispiel anderer Truppen zu begeistern suchen; so aber gedenkt eurer Heldentaten und befragt eure Augen! Dies sind die Männer, die ihr im vorigen Jahre, als sie eine einzige Legion nächtlicherweile heimlich angriffen, durch bloßes Geschrei niedergekämpft habt; sie fliehen am schnellsten von allen Britanniern und sind nur deshalb noch so lange am Leben. Wie uns auf unserem Zuge durch Wälder und Gebirge die mutigsten Tiere entgegenstürzten, während die ängstlichen und trägen schon beim Getöse unseres Heeres flüchteten, so sind die tapfersten Britannier bereits längst gefallen, und übrig ist nur das Häuflein der Feiglinge und Furchtsamen. Wenn ihr sie jetzt endlich gefunden habt, so nicht, weil sie Widerstand geleistet, sondern weil wir sie gestellt haben. Die jüngsten Ereignisse und die Erstarrung äußerster Angst haben ihre Reihen auf diesem Platz festgebannt, wo ihr einen herrlichen, glänzenden Sieg erringen sollt. Macht ein Ende mit den Feldzügen, krönt fünfzig Jahre mit einem großen Tage und beweist dem Vaterlande, daß man niemals berechtigt war, dem Heere die lange Dauer des Krieges oder die Ursachen seiner Erneuerung zur Last zu legen!"

Während Agricola noch redete, war bereits die Begeisterung der Soldaten deutlich. Dem Ende der Ansprache folgte ein gewaltiger Jubel, und alles eilte sogleich zu den Waffen. Agricola ordnete die stürmisch Beschwingten so, daß die Hilfstruppen zu Fuß, achttausend an der Zahl, eine starke Mitte bildeten, während ihre dreitausend Reiter an den Flanken Aufstellung nahmen. Die Legionen standen vor dem Walle, um bei einem Siege die ungeheure

locis constiterat ita, ut primum agmen in aequo, ceteri per
acclive iugum conexi velut insurgerent; media campi co-
vinnarius eques strepitu ac discursu complebat. tum Agricola superante hostium multitudine veritus, ne in frontem
simul et latera suorum pugnaretur, diductis ordinibus,
quamquam porrectior acies futura erat et arcessendas plerique legiones admonebant, promptior in spem et firmus
adversis, dimisso equo pedes ante vexilla constitit.

Ac primo congressu eminus certabatur; simulque constantia, simul arte Britanni ingentibus gladiis et brevi-
bus caetris missilia nostrorum vitare vel excutere atque
ipsi magnam vim telorum superfundere, donec Agricola
quattuor Batavorum cohortes ac Tungrorum duas cohor-
tatus est, ut rem ad mucrones ac manus adducerent; quod
et ipsis vetustate militiae exercitatum et hostibus inhabile;
nam Britannorum gladii sine mucrone complexum armorum et in arto pugnam non tolerabant. igitur ut Batavi
miscere ictus, ferire umbonibus, ora fodere et stratis, qui
in aequo astiterant, erigere in colles aciem coepere, ceterae
cohortes aemulatione et impetu conisae proximos quosque
caedere; ac plerique seminecs aut integri festinatione victoriae relinquebantur. interim equitum turmae, ut fugere

Leistung eines Kampfes ohne römisches Blut vor Augen
zu führen, und als Hilfstruppen im Fall der Niederlage.
Das britannische Heer hatte sich des schönen Scheines
wegen und zugleich, um Entsetzen zu verbreiten, auf erhöhtem Gelände derart aufgestellt, daß das erste Treffen
noch in der Ebene stand, die übrigen, auf dem Abhang
des Berges eng miteinander verbunden, gleichsam an-
stiegen; die Mitte des Schlachtfeldes füllten die Lenker
der Sichelwagen mit lärmendem Hin- und Herfahren. Als
die Menge der Feinde überhandnahm, befürchtete Agricola, sie möchten seine Leute von vorn und auf den Seiten
zugleich bekämpfen. Er ließ die Reihen sich dehnen, obwohl dadurch die Schlachtordnung gestreckter werden
mußte und viele darauf hinwiesen, daß man die Legionen
herabziehen müsse; hoffnungsfreudiger als diese und mutig
in der Gefahr ließ er sein Pferd abführen und trat zu Fuß
vor die Fahnen.

Beim ersten Zusammenstoß kämpfte man nur aus der
Entfernung. Tapfer und geschickt zugleich fingen die Britannier mit Hilfe gewaltiger Schwerter und kurzer Leder-
schilde die Geschosse der Unsrigen auf oder schlugen sie
zur Seite. Sie selbst überschütteten ihre Gegner mit einem
Hagel von Waffen, bis Agricola vier Kohorten der Bataver
und zweien der Tungrer befahl, den Nahkampf mit dem
Kurzschwert zu beginnen. Dies hatten sie in langjährigem
Dienst geübt, den Feinden aber war es nachteilig, denn die
Schwerter der Britannier hatten keine kurze Spitze und
waren für Handgemenge und Kampf auf engem Raume
ungeeignet. Als daher die Bataver begannen, mächtig drein-
zuhauen, mit den Schildbuckeln zu schlagen, die Gesichter
zu verwunden und nach Niederwerfung der in der Ebene

covinnarii, peditum se proelio miscuere. et quamquam
recentem terrorem intulerant, densis tamen hostium agminibus et inaequalibus locis haerebant, minimeque equestris ei pugnae facies erat, cum aegre clivo astantes simul
equorum corporibus impellerentur; ac saepe vagi currus,
exterriti sine rectoribus equi, ut quemque formido tulerat,
transversos aut obvios incursabant.

Et Britanni, qui adhuc pugnae expertes summa col-
lium insederant et paucitatem nostrorum vacui spernebant,
degredi paulatim et circumire terga vincentium coeperant,
ni id ipsum veritus Agricola quattuor equitum alas, ad
subita belli retentas, venientibus opposuisset, quantoque
ferocius accucurrerant, tanto acrius pulsos in fugam disie-
cisset. ita consilium Britannorum in ipsos versum, trans-
vectaeque praecepto ducis a fronte pugnantium alae aver-
sam hostium aciem invasere. tum vero patentibus locis
grande et atrox spectaculum: sequi vulnerare capere, atque
eosdem oblatis aliis trucidare. iam hostium, prout cuique
ingenium erat, catervae armatorum paucioribus terga prae-
stare, quidam inermes ultro ruere ac se morti offerre.
passim arma et corpora et laceri artus, et cruenta humus.
et aliquando etiam victis ira virtusque, postquam silvis
appropinquaverunt; nam primos sequentium incautos col-
lecti et locorum gnari circumveniebant. quod ni frequens

Angetretenen bergan vorzurücken, da drangen die übrigen Kohorten wetteifernd im Sturme vor und schlugen alles in ihrer Nähe nieder, viele blieben in der Hast des Sieges halbtot oder unverwundet hinter ihnen zurück. Inzwischen mischten sich, nach der Flucht der Sichelwagen, Reitergeschwader in das Fußgefecht. Obwohl sie neues Entsetzen verbreiteten, blieben sie doch in den dichten Reihen der Feinde auf dem ungleichförmigen Gelände stecken. Dieser Kampf hatte durchaus nichts von einem Reitergefecht, da sie nur mit Mühe auf dem Abhang festen Fuß faßten und gleichzeitig von den Leibern ihrer Pferde weitergestoßen wurden. Oft stürmten auch versprengte Wagen und scheue, herrenlose Pferde, wie ein jedes die Angst trieb, von der Seite oder von vorn auf sie ein.

Diejenigen Britannier, die bisher noch außerhalb der Schlacht die Höhen besetzt hielten und tatenlos die geringe Zahl der Unsrigen verachteten, hatten jetzt begonnen, allmählich hinabzusteigen und wollten den Siegern in den Rücken fallen. Aber Agricola, der eben dieses befürchtete, warf den Nahenden vier Reitergeschwader, die er für unvermutete Kriegsereignisse aufgespart hatte, entgegen und schlug und zerstreute sie um so heftiger, je ungestümer sie herbeigelaufen waren. So wandte sich die Kriegslist der Britannier gegen sie selbst, und die auf Befehl des Feldherrn von der Kampffront weggeführten Geschwader brachen in den Rücken des Feindes ein. Da zeigte sich im offenen Gelände ein großartig schreckliches Schauspiel; sie verfolgten, verwundeten, nahmen gefangen und töteten diese Gefangenen, wenn andere sich boten. Schon flüchteten feindliche Scharen je nach ihrer Stimmung vor einer Minderzahl von Bewaffneten; einige stürmten ungeheißen

ubique Agricola validas et expeditas cohortes indaginis modo et, sicubi artiora erant, partem equitum dimissis equis, simul rariores silvas equitem persultare iussisset, acceptum aliquod vulnus per nimiam fiduciam foret. ceterum ubi compositos firmis ordinibus sequi rursus videre, in fugam versi, non agminibus, ut prius, nec alius alium respectantes, rari et vitabundi invicem longinqua atque avia petiere. finis sequendi nox et satietas fuit. caesa hostium ad decem milia; nostrorum trecenti sexaginta cecidere, in quis Aulus Atticus praefectus cohortis, iuvenili ardore et ferocia equi hostibus illatus.

Et nox quidem gaudio praedaque laeta victoribus; Britanni palantes mixto virorum mulierumque ploratu trahere vulneratos, vocare integros, deserere domos ac per iram ultro incendere, eligere latebras et statim relinquere; miscere invicem consilia, dein separare; aliquando frangi aspectu pignorum suorum, saepius concitari. satisque con-

ohne Wehr los und gaben ihr Leben preis. Überall lagen
Waffen, Leichen und verstümmelte Gliedmaßen; der Boden
war mit Blut gerötet. Hie und da zeigten aber auch die
Besiegten Wut und Tapferkeit, sobald sie in der Nähe der
Wälder waren; denn gesammelt und ortskundig suchten
sie die unvorsichtigen ersten Verfolger zu umzingeln. Hätte
nicht Agricola, der überall zur Stelle war, kräftigen, leicht
gerüsteten Kohorten wie bei einer Treibjagd vorzugehen
befohlen und, wo das Dickicht zu groß war, einen Teil
der Reiterei ohne Pferde, gleichzeitig aber auch Berittene
durch die lichteren Wälder stürmen lassen, so hätte man
wegen allzu großer Zuversicht eine Schlappe erlitten. Als
die Feinde jedoch von neuem sahen, daß festgeschlossene
Reihen folgten, wandten sie sich zur Flucht, nicht in
Gruppen, wie vorher, sondern ohne Rücksicht auf Kameraden; einzeln und einander ausweichend strebten sie ent-
legenen, unwegsamen Gegenden zu. Die Nacht und der
Überdruß erst machten der Verfolgung ein Ende. Etwa
zehntausend Feinde waren erschlagen; von den Unsrigen
fielen dreihundertsechzig, unter ihnen der Kohortenpräfekt
Aulus Atticus, der mit jugendlichem Feuer auf seinem
wilden Pferde in die Feinde eingedrungen war.

Die Nacht war der Freude und der Beute wegen für die
Sieger ein Fest. Die Britannier irrten umher, Klagen von
Männern und Weibern vereinten sich; so schleppten sie
die Verwundeten weg, riefen nach den Geretteten, verließen ihre Häuser und zündeten sie aus Wut noch obendrein an, suchten Schlupfwinkel auf und verließen sie sofort wieder, tauschten Pläne aus und lösten alsbald wieder
die Verbindung; hie und da brachen sie beim Anblick ihrer
Lieben zusammen, aber häufiger noch erbitterte er sie. Es

stabat saevisse quosdam in coniuges ac liberos, tamquam misererentur.

Proximus dies faciem victoriae latius aperuit: vastum ubique silentium, secreti colles, fumantia procul tecta, nemo exploratoribus obvius. quibus in omnem partem dimissis, ubi incerta fugae vestigia neque usquam conglobari hostes compertum et exacta iam aestate spargi bellum nequibat, in finis Borestorum exercitum deducit. ibi acceptis obsidibus praefecto classis circumvehi Britanniam praecipit. datae ad id vires, et praecesserat terror. ipse peditem atque equites lento itinere, quo novarum gentium animi ipsa transitus mora terrerentur, in hibernis locavit. et simul classis secunda tempestate ac fama Trucculensem portum tenuit, unde proximo Britanniae latere praelecto omni redierat.

Hunc rerum cursum, quamquam nulla verborum iactantia epistulis Agricolae auctum, ut erat Domitiano moris, fronte laetus, pectore anxius excepit. inerat conscientia derisui fuisse nuper falsum e Germania triumphum, emptis per commercia quorum habitus et crines in captivorum speciem formarentur: at nunc veram magnamque victoriam tot milibus hostium caesis ingenti fama celebrari. id sibi maxime formidolosum, privati hominis nomen supra principem attolli: frustra studia fori et civilium artium

ist zur Genüge bezeugt, daß einige, nach ihrer eigenen Meinung aus Erbarmen, gegen Frauen und Kinder gewütet haben.

Der folgende Tag offenbarte das Gesicht des Sieges in noch größerem Umfange: ungeheure Stille herrschte überall, die Hügel waren vereinsamt, in der Ferne rauchten die Hütten, niemand trat den nach allen Seiten ausgesandten Spähern entgegen. Diese fanden nur unsichere Spuren der Flucht, und nirgends war von Zusammenrottung der Feinde zu hören. Da nach Ablauf des Sommers eine Ausdehnung des Krieges nicht mehr rätlich war, so führte Agricola das Heer in das Gebiet der Borester. Dort empfing er Geiseln und befahl dann dem Präfekten der Flotte, Britannien zu umsegeln. Streitkräfte wurden zu diesem Zweck gestellt, und Entsetzen war bereits vorausgeeilt. Agricola selbst führte Fußvolk und Reiter nach langsamem Marsch, der die neu unterworfenen Stämme schon durch sein zögerndes Tempo erschrecken sollte, in die Winterquartiere. Gleichzeitig erreichte die Flotte, bei vorteilhaftem Wetter und vom Ruhme geleitet, den trucculensischen Hafen, wohin sie, nach einer von dort ausgehenden Fahrt sehr nahe an der ganzen Küste Britanniens entlang, zurückgekehrt war.

Obgleich dieser Lauf der Dinge in Agricolas Berichten keineswegs prahlerisch übertrieben wurde, nahm ihn trotzdem Domitian, wie es seine Art war, zwar mit frohem Gesicht, aber mit sorgenvollen Empfindungen auf. In ihm lebte das Bewußtsein, daß sein falscher Triumph über Germanien kurze Zeit vorher nur Hohn erregt habe (hatte er doch auf dem Handelswege Leute gekauft, deren Kleidung und Haartracht man nach der Weise von Gefangenen umgestaltet hatte); jetzt dagegen werde ein echter, großer

decus in silentium acta, si militarem gloriam alius occu-
paret; cetera utcumque facilius dissimulari, ducis boni im-
peratoriam virtutem esse. talibus curis exercitus, quodque
saevae cogitationis indicium erat, secreto suo satiatus, optimum in praesentia statuit reponere odium, donec impetus
famae et favor exercitus langueceret; nam etiam tum Agricola Britanniam obtinebat. igitur triumphalia ornamen-
ta et illustris statuae honorem et, quidquid pro triumpho datur, multo verborum honore cumulata decerni in
senatu iubet addique insuper opinionem Syriam provinciam Agricolae destinari, vacuam tum morte Atili Rufi
consularis et maioribus reservatam. credidere plerique libertum ex secretioribus ministeriis missum ad Agricolam codi-
cillos, quibus ei Syria dabatur, tulisse cum eo praecepto,
ut, si in Britannia foret, traderentur; eumque libertum in
ipso freto Oceani obvium Agricolae, ne appellato quidem
eo ad Domitianum remeasse, sive verum istud, sive ex
ingenio principis fictum ac compositum est.

Sieg nach Vernichtung vieler Tausende von Feinden mit
gewaltigem Ruhm gefeiert. Für ihn sei es am fürchter-
lichsten, daß der Name eines Privatmannes über den Kaiser
erhoben werde; das öffentliche Leben und glänzende Bür-
gertugenden seien umsonst zum Schweigen gebracht, wenn
ein anderer Mann den Kriegsruhm mit Beschlag belege.
Alle übrigen Vorzüge könne man immerhin leichter un-
beachtet lassen, aber die Tüchtigkeit eines guten Feldherrn
sei eine kaiserliche Eigenschaft. Gepeinigt von solchen
Sorgen und – was grausame Gedanken bei ihm verriet –
dem Genuß der Einsamkeit hingegeben, hielt er es zunächst
für das Beste, den Haß aufzusparen, bis der Eindruck des
Ruhmes und die Ergebenheit des Heeres abnehme; denn
damals regierte Agricola noch Britannien. Er ließ also seine
Ehrung als Triumphator, die Aufstellung eines lorbeer-
geschmückten Ehrenstandbildes und alle übrigen Ersatz-
gaben für einen Triumph samt einem Schwall auszeichnen-
der Reden im Senat beschließen und außerdem die Meinung verbreiten, Syrien, das damals durch den Tod des
Konsulars Atilius Rufus verwaist und hervorragenden
Männern vorbehalten war, sei als Provinz für Agricola
ausersehen. Vielfach war die Meinung vertreten, ein Freigelassener aus dem geheimen Rat des Kaisers sei zu Agricola gesandt mit einem Schreiben, das ihm Syrien verlieh,
und habe es befördert mit dem Auftrag, es abzugeben,
wenn Agricola noch in Britannien sei. Dieser Mann sei
gerade im Ärmelkanal dem Agricola begegnet und, ohne
ihn auch nur angesprochen zu haben, zu Domitian zurückgekehrt. Dies ist vielleicht wahr, vielleicht aber 'auch nur
der Stimmung des Kaisers entsprechend erfunden und aus-
geschmückt.

Tradiderat interim Agricola successori suo provinciam quietam tutamque. ac ne notabilis celebritate et frequentia occurrentium introitus esset, vitato amicorum officio noctu in urbem, noctu in Palatium, ita ut praeceptum erat, venit; exceptusque brevi osculo et nullo sermone turbae servientium immixtus est. ceterum uti militare nomen, grave inter otiosos, aliis virtutibus temperaret, tranquillitatem atque otium penitus hausit, cultu modicus, sermone facilis, uno aut altero amicorum comitatus, adeo ut plerique, quibus magnos viros per ambitionem aestimare mos est, viso aspectoque Agricola quaererent famam, pauci interpretarentur. crebro per eos dies apud Domitianum absens accusatus, absens absolutus est. causa periculi non crimen ullum aut querela laesi cuiusquam, sed infensus virtutibus princeps et gloria viri ac pessimum inimicorum genus, laudantes. et ea insecuta sunt rei publicae tempora, quae sileri Agricolam non sinerent: tot exercitus in Moesia Daciaque et Germania et Pannonia temeritate aut per ignaviam ducum amissi, tot militares viri cum totis cohortibus expugnati et capti; nec iam de limite imperii et ripa, sed de hibernis legionum et possessione dubitatum. ita cum damna damnis continuarentur atque omnis annus funeribus et cladibus insigniretur, poscebatur ore vulgi dux Agricola, comparantibus cunctis vigorem, constantiam et expertum bellis animum cum inertia et formidine ceterorum. quibus sermonibus satis constat Domitiani quoque aures verberatas,

Inzwischen hatte Agricola seinem Nachfolger die Provinz friedlich und gesichert übergeben. Sein Einzug sollte nicht durch Gepränge und Menschenmassen auffallen; darum mied er die Huldigung seiner Freunde und kam nachts in Rom an, nachts auch, wie es ihm befohlen war, auf dem Palatin. Zum Empfang erhielt er einen flüchtigen Kuß und wurde dann ohne Anrede dem aufwartenden Gefolge eingereiht. Um aber seinen Kriegsruhm, der bei friedlichen Leuten immer unbeliebt ist, durch andere Vorzüge auszugleichen, verharrte er völlig in Ruhe und Muße, bescheiden im Auftreten, leutselig im Gespräch, nur von einem oder zweien seiner Freunde begleitet. Darum vermißten viele, die große Männer nach ihrem pomphaften Auftreten abzuschätzen pflegen, wenn sie Agricola sahen und beobachteten, den Ausdruck seiner Berühmtheit, und nur wenige vermochten sein Verhalten zu deuten. Häufig wurde er während dieser Zeit vor Domitian in seiner Abwesenheit verklagt und ebenso auch entlastet. Die Ursache seiner Gefährdung war keine Beschuldigung oder Klage eines Beleidigten, sondern der Haß des Kaisers gegen Tüchtigkeit, der Ruhm, den er als Mann genoß, und das verworfenste Gezücht von Gegnern, nämlich falsche Lobredner. Auch folgte eine Zeit im Leben des Staates, die nicht erlaubte, von Agricola zu schweigen; so manches Heer in Moesien und Dacien wie in Germanien und Pannonien war durch Leichtsinn oder Feigheit seiner Feldherren verloren gegangen, so manche Legionssoldaten mit ganzen Kohorten von Hilfsvölkern hatten sich ergeben oder waren in Gefangenschaft geraten. Nicht mehr Limes und Donauufer, sondern die Winterlager der Legionen und der Besitz der Provinzen war gefährdet. Da also Mißerfolg

dum optimus quisque libertorum amore et fide, pessimi
malignitate et livore pronum deterioribus principem ex-
timulabant. sic Agricola simul suis virtutibus, simul vitiis
aliorum in ipsam gloriam praeceps agebatur.

Aderat iam annus, quo proconsulatum Africae et Asiae
sortiretur, et occiso Civica nuper nec Agricolae consilium
deerat nec Domitiano exemplum. accessere quidam cogi-
tationum principis periti, qui iturusne esset in provinciam ultro Agricolam interrogarent. ac primo occultius
quietem et otium laudare, mox operam suam in approbanda
excusatione offerre, postremo non iam obscuri suadentes
simul terrentesque pertraxere ad Domitianum. qui paratus
simulatione, in arrogantiam compositus, et audiit preces
excusantis et, cum annuisset, agi sibi gratias passus est, nec
erubuit beneficii invidia. salarium tamen proconsulare solitum offerri et quibusdam a se ipso concessum Agricolae
non dedit, sive offensus non petitum, sive ex conscientia,
ne quod vetuerat videretur emisse. proprium humani in-
genii est odisse quem laeseris: Domitiani vero natura praeceps in iram et quo obscurior, eo irrevocabilior, modera-
tione tamen prudentiaque Agricolae leniebatur, quia non
contumacia neque inani iactatione libertatis famam fatum-

sich an Mißerfolg kettete und jedes Jahr durch Menschen-
verluste und Niederlagen gekennzeichnet war, so verlangte
die Stimme des Volkes Agricola zum Feldherrn; denn alle
verglichen seine Kraft, Ausdauer und militärische Erfahrung mit der Untätigkeit und Angst der anderen Heer-
führer. Es ist zur Genüge bezeugt, daß solche Reden auch
an Domitians Ohr schlugen, während die besten seiner
Freigelassenen durch Liebe und Treue, die schlechtesten
durch Tücke und Mißgunst den zum Bösen neigenden
Kaiser aufzureizen suchten. So wurde Agricola durch
eigenen Wert und gleichzeitig durch die Laster anderer
sogar dem Ruhme in verhängnisvoller Überstürzung zu-
getrieben.

Schon war das Jahr gekommen, wo er um das Pro-
konsulat von Asien und Afrika losen sollte, und wegen
der kurz vorher an Civica vollzogenen Hinrichtung fehlte
es weder Agricola an einer Warnung noch Domitian an
einem Beispiel. Da stellten sich Leute ein, die mit den Gedanken des Kaisers vertraut waren, und fragten Agricola
unaufgefordert, ob er sich wirklich in die Provinz begeben
werde. Zuerst priesen sie ihm in etwas versteckter Weise
Ruhe und Muße an, dann erboten sie sich, seine Ablehnung
zu befürworten, zuletzt schleppten sie ihn, nunmehr ganz
unverhohlen, mit Ratschlägen und Abmahnungen zugleich
vor Domitian. Mit Heuchelei gewappnet und in erkünstel-
tem Stolze hörte der Kaiser die Bitten des Ablehnenden
an, ließ sich, als er sie bewilligt hatte, danken und schämte
sich nicht einer so gehässigen Wohltat. Aber das Gehalt
eines Prokonsuls, das man in solchem Falle anzubieten
pflegte und das er selbst einigen verliehen hatte, gab er
ihm nicht, entweder gekränkt, weil er ihn nicht darum

que provocabat. sciant, quibus moris est illicita mirari,
posse etiam sub malis principibus magnos viros esse, ob-
sequiumque ac modestiam, si industria ac vigor adsint, eo
laudis excedere, quo plerique per abrupta, sed in nullum
rei publicae usum ambitiosa morte inclaruerunt.

Finis vitae eius nobis luctuosus, amicis tristis, extra-
neis etiam ignotisque non sine cura fuit. vulgus quoque
et hic aliud agens populus et ventitavere ad domum et per
fora et circulos locuti sunt, nec quisquam audita morte
Agricolae aut laetatus est aut statim oblitus. augebat mise-
rationem constans rumor veneno interceptum: nobis nihil
comperti adfirmare ausim. ceterum per omnem valetudinem
eius crebrius quam ex more principatus per nuntios visentis
et libertorum primi et medicorum intimi venere, sive cura
illud sive inquisitio erat. supremo quidem die momenta
ipsa deficientis per dispositos cursores nuntiata constabat,
nullo credente sic accelerari quae tristis audiret. speciem
tamen doloris animo vultuque prae se tulit, securus iam
odii et qui facilius dissimularet gaudium quam metum.
satis constabat lecto testamento Agricolae, quo coheredem

gebeten hatte, oder aus Schuldbewußtsein, um nicht den Anschein zu erwecken, als habe er sein Verbot erkauft. Es ist dem Menschengeiste eigentümlich, den zu hassen, den man verletzt hat; vollends Domitian war jähzornig von Natur und bei verstecktem Groll besonders nachtragend. Doch besänftigte ihn die Mäßigung und Klugheit Agricolas, weil dieser weder durch Trotz noch durch törichtes Prahlen mit freiheitlicher Haltung Ruhm und Verhängnis auf sich herniederzog. Wer gern Verbotenes bewundert, der lasse sich gesagt sein, daß auch unter schlechten Herrschern große Männer bestehen können, und daß Gehorsam und Selbstbescheidung, wenn nur mit Tätigkeit und Kraft verbunden, sich bis zu dem Ruhme erheben, durch den viele auf verderblichem Wege, aber ohne Nutzen für den Staat, in einem ehrgeizigen Tode sich ausgezeichnet haben.

Sein Lebensende war für uns kummervoll, für seine Freunde betrüblich und sogar für Außenstehende und Leute, die ihn nicht kannten, durchaus nicht gleichgültig. Auch die großstädtische Menge und unser gedankenloses Volk fand sich häufig bei seinem Hause ein und redete über ihn auf dem Markt oder in kleinem Kreise; niemand, der von Agricolas Tode hörte, freute sich darüber oder vergaß ihn gleich wieder. Ein hartnäckiges Gerücht, er sei an Gift gestorben, erhöhte noch die Teilnahme; ich wage jedoch nicht zu behaupten, daß wir darüber etwas Bestimmtes wüßten. Aber während seiner ganzen Krankheit kamen häufiger, als es bei einem Kaiser, der durch Boten Besuche machen läßt, üblich ist, die ersten der Freigelassenen und die vertrautesten Leibärzte zu ihm, mag dies nun Fürsorge oder Späherdienst gewesen sein. Jedenfalls stand fest, daß

optimae uxori et piissimae filiae Domitianum scripsit, lae-
tatum eum velut honore iudicioque. tam caeca et corrupta
mens assiduis adulationibus erat, ut nesciret a bono patre
non scribi heredem nisi malum principem.

Natus erat Agricola Gaio Caesare tertium consule idi-
bus Iuniis; excessit quarto et quinquagesimo anno deci-
mum kalendas Septembris Collega Priscinoque consulibus.
quodsi habitum quoque eius posteri noscere velint, de-
centior quam sublimior fuit; nihil impetus in vultu, gratia
oris supererat. bonum virum facile crederes, magnum li-
benter. et ipse quidem, quamquam medio in spatio inte-
grae aetatis ereptus, quantum ad gloriam, longissimum
aevum peregit. quippe et vera bona, quae in virtutibus
sita sunt, impleverat, et consulari ac triumphalibus orna-
mentis praedito quid aliud astruere fortuna poterat? opi-
bus nimiis non gaudebat, speciosae contigerant. filia atque
uxore superstitibus potest videri etiam beatus incolumi
dignitate, florente fama, salvis affinitatibus et amicitiis futura effugisse. nam sicuti magnae cuiusdam felicitatis esset
durare in hanc beatissimi saeculi lucem ac principem Traia-
num videre, quod augurio votisque apud nostras aures

am Todestage die einzelnen Grade der Auflösung durch
eine Stafette übermittelt wurden, und niemand konnte
glauben, daß man so beschleunige, was der Kaiser mit
Betrübnis hören könnte. Jedoch trug er in Stimmung und
Gesichtsausdruck den Schein des Schmerzes zur Schau,
denn er war in seinem Hasse nunmehr sorgenfrei und
konnte Freude leichter verbergen als Furcht. Es stand zur
Genüge fest, daß er beim Lesen von Agricolas Testament,
das ihn zum Miterben der edlen Gattin und der treuen
Tochter ernannte, Vergnügen zeigte, als ob ihm eine ehren-
de Anerkennung widerfahren sei. Verblendet und verdorben
hatte ihn die ständige Schmeichelei; darum merkte er nicht,
daß ein guter Vater nur einen schlechten Kaiser zum Erben
einsetzen kann.

Geboren war Agricola am 13. Juni im dritten Konsulat
des Kaisers Gajus; er starb im vierundfünfzigsten Lebens-
jahre am 23. August unter dem Konsulat des Collega und
Priscinus. Vielleicht wünscht die Nachwelt, auch seine
äußere Erscheinung kennenzulernen; sie war eher an-
mutig als erhaben, kein Ungestüm drückte sich in den
Zügen aus, sondern Liebenswürdigkeit in reichem Maße.
Für einen guten Menschen konnte man ihn leicht halten,
für einen großen gern. Persönlich erreichte er, wenn auch
mitten aus der Lebenslaufbahn in rüstigem Alter dahin-
gerafft, seinem Ruhme nach ein hohes Alter. Denn die
wahren Güter, die auf den Tugenden des Mannes beruhen,
waren ihm vollauf zuteil geworden, und was konnte ihm
das Schicksal, das ihn zum Konsul gemacht und mit den
Ehren eines Triumphators geschmückt hatte, sonst noch
verleihen? Übergroßer Reichtum erfreute ihn nicht, und
ein ansehnlicher war ihm zuteil geworden. Da Tochter

ominabatur, ita festinatae mortis grande solacium tulit evasisse postremum illud tempus, quo Domitianus non iam per intervalla ac spiramenta temporum, sed continuo et velut uno ictu rem publicam exhausit. non vidit Agricola obsessam curiam et clausum armis senatum et eadem strage tot consularium caedes, tot nobilissimarum feminarum exilia et fugas. una adhuc victoria Carus Mettius censebatur, et intra Albanam arcem sententia Messalini strepebat, et Massa Baebius etiam tum reus erat: mox nostrae duxere Helvidium in carcerem manus; nos Maurici Rusticique visus, nos innocenti sanguine Senecio perfudit. Nero tamen subtraxit oculos suos iussitque scelera, non spectavit: praecipua sub Domitiano miseriarum pars erat videre et aspici, cum suspiria nostra subscriberentur, cum denotandis tot hominum palloribus sufficeret saevus ille vultus et rubor, quo se contra pudorem muniebat.

und Gattin ihn überlebten, kann er auch darin als glücklich gelten, daß er in ungeschmälertem Ansehen und in
der Blüte des Ruhmes, während Verwandte und Freunde
sich wohl befanden, der Folgezeit entrann. Denn wenn es
auch ein großes Glück für ihn wäre, den Glanz unseres
gesegneten Zeitalters zu erleben und den Kaiser Trajan zu
schauen, worauf er in Prophezeiungen und Wünschen
vor unseren Ohren hindeutete, so erhielt er doch mit seinem
verfrühten Tode die bedeutende Entschädigung, den letzten Jahren Domitians entgangen zu sein, wo dieser nicht
mehr von Zeit zu Zeit und in Atempausen, sondern andauernd und gleichsam in einem einzigen Anlauf den Staat
zugrunde richtete. Er erlebte nicht die Belagerung der
Kurie, die Einschließung des Senats durch Waffengewalt
und in einem einzigen Gemetzel die Ermordung vieler
Konsulare, die Verbannung und Flucht vieler edler Frauen.
Noch schätzte man Carus Mettius allein nach einem Siege
ein, nur innerhalb der albanischen Burg ertönte die Meinung des Messalinus, und Massa Baebius stand damals
sogar unter Anklage. Bald zogen unsere eigenen Hände
den Helvidius ins Gefängnis, uns befleckte des Mauricus
und Rusticus Anblick und Senecio mit seinem unschul-
digen Blut. Nero wandte sich wenigstens ab und befahl
Verbrechen, ohne sie anzusehen; der größte Jammer unter
Domitian war, ihn zu sehen und von ihm gesehen zu werden. Denn unsere Seufzer wurden aufgeschrieben, und
seine grausame Miene und die Zornesröte, mit der er sich
gegen Schamgefühl wappnete, genügte, um das Erbleichen
einer großen Menge Menschen den Angebern kenntlich
zu machen.

Tu vero felix, Agricola, non vitae tantum claritate, sed etiam opportunitate mortis. ut perhibent, qui interfuere novissimis sermonibus tuis, constans et libens fatum excepisti, tamquam pro virili portione innocentiam principi donares. sed mihi filiaeque eius praeter acerbitatem parentis erepti auget maestitiam, quod assidere valetudini, fovere deficientem, satiari vultu complexuque non contigit. excepissemus certe mandata vocesque, quas penitus animo figeremus. noster hic dolor, nostrum vulnus, nobis tam longae absentiae condicione ante quadriennium amissus est. omnia sine dubio, optime parentum, assidente amantissima uxore superfuere honori tuo: paucioribus tamen lacrimis compositus es, et novissima in luce desideravere aliquid oculi tui.

Si quis piorum manibus locus, si, ut sapientibus placet, non cum corpore extinguuntur magnae animae, placide quiescas nosque domum tuam ab infirmo desiderio et muliebribus lamentis ad contemplationem virtutum tuarum voces, quas neque lugeri neque plangi fas est. admiratione te potius et immortalibus laudibus et, si natura suppeditet, similitudine decoremus: is verus honos, ea coniunctissimi cuiusque pietas. id filiae quoque uxorique praeceperim, sic patris, sic mariti memoriam venerari, ut omnia facta dictaque eius secum revolvant formamque ac figuram animi magis quam corporis complectantur, non quia intercedendum putem imaginibus, quae marmore aut aere finguntur, sed, ut vultus hominum. ita simulacra vul-

Du aber, Agricola, bist glücklich, nicht nur wegen deines herrlichen Lebens, sondern auch wegen deines rechtzeitigen Todes. Nach der Aussage derer, die deine letzten Worte gehört haben, hast du standhaft und willig dein Schicksal getragen, als wolltest du an deinem Teil dem Kaiser Schuldlosigkeit gewähren. Mir dagegen und seiner Tochter mehrt noch neben dem Schmerze, den Vater verloren zu haben, der Umstand die Trauer, daß wir nicht am Krankenbette sitzen noch ihn in den letzten Stunden pflegen, ihn nach Herzenslust betrachten und umarmen konnten. Gewiß hätten wir seinen Aufträgen und Aussprüchen gelauscht, um sie tief unseren Herzen einzuprägen. Dies ist unser Schmerz, dies unsere Wunde: infolge einer langen Abwesenheit haben wir ihn vier Jahre zu früh verloren. Zweifellos war alles, bester Vater, zu deiner Ehre reichlich vorhanden, da die liebevollste Gattin dich betreute; aber doch wurdest du unter zu dürftigem Tränengeleite beigesetzt, und am Todestage haben deine Augen etwas vermißt.

Wenn die Seelen frommer Toter irgendwo weilen, wenn große Geister, wie die Philosophen wollen, nicht mit dem Körper vergehen, dann ruhe in Frieden und rufe uns und dein Haus aus schwächlicher Sehnsucht und weibischer Klage zur Betrachtung deines Wertes auf, den wir weder betrauern noch beweinen dürfen. Mit Bewunderung vielmehr, mit unablässigem Lobpreis und, wenn wir die Kraft dazu haben, mit einem dir ähnlichen Verhalten wollen wir dich verherrlichen; das ist wahre Verehrung und Anhänglichkeit der nächsten Verwandten. Dies möchte ich auch seiner Tochter und seiner Gattin vorhalten, so das Gedächtnis des Vaters und des Gatten zu ehren, daß sie alle seine Taten und Worte im Herzen bewegen und mehr Ge-

tus imbecilla ac mortalia sunt, forma mentis aeterna, quam tenere et exprimere non per alienam materiam et artem, sed tuis ipse moribus possis. quicquid ex Agricola amavimus, quicquid mirati sumus, manet mansurumque est in animis hominum, in aeternitate temporum fama rerum; nam multos veterum velut inglorios et ignobilis oblivio obruit: Agricola posteritati narratus et traditus superstes erit.

stalt und Umriß des Geistes als des Leibes zu erfassen suchen. Nicht als wollte ich gegen Statuen aus Marmor und Erz Einspruch erheben, aber wie das Menschenantlitz, so sind auch seine Abbilder schwach und vergänglich, die geistige Gestalt aber dauernd, und sie kann man nicht durch fremden Stoff und fremdes Geschick, sondern nur durch den eigenen Charakter festhalten und darstellen. Was wir an Agricola geliebt, was wir an ihm bewundert haben, bleibt und wird bleiben im Herzen der Menschen und in der Dauer der Zeiten durch den Ruhm seiner Taten; denn viele tüchtige Männer alter Zeit bedeckt ebenso Vergessenheit wie die Ruhmlosen und Geringen; Agricola, der Nachwelt geschildert und dargestellt, wird lebendig bleiben.

NACHWORT

Die Römer in England – diese Worte bezeichnen eine Verbindung von Kriegs- und Entdeckungsgeschichte, wie sie von Europa aus dann erst wieder im Zeitalter der Konquistadoren betrieben worden ist. Handgreiflich sind freilich auch die Unterschiede beider Epochen. Eine gewisse Vorstellung von Britannien hatte schon der Grieche Pytheas von Massilia im 4. Jahrhundert v. Chr. der Mittelmeerwelt gegeben, wenn er auch auf viel Mißtrauen stieß. Und Britannien lag vor den Toren des Imperiums; noch bis in Caesars Tage hinein dauerten die jahrhundertelangen Einwanderungen der Kelten von Gallien nach Südengland, und Caesar selbst berichtet uns, wie beunruhigend ihm diese Beziehungen beider Länder erschienen.

Nicht alle Beweggründe Caesars zu seinen Britannienzügen liegen so klar wie dieser zutage; ungewiß ist auch, welchen Erfolg er erhoffte. Vielleicht hatte er die Eroberung des ganzen Landes geplant; dann haben die Unruhen in Gallien seinen Plan vereitelt. Sein Bericht, für uns die Einführung Englands in die Geschichte und darum an die Spitze dieses Bandes gestellt, verschweigt vieles und dient offenbar der Selbstverteidigung, denn Kritik wurde schon bei den Zeitgenossen laut. Auf beiden Zügen ist er im Vertrauen auf sein Glück in böse Schwierigkeiten geraten, und das Gesamtergebnis war gering.

Diese Erfahrungen haben seinen Großneffen und Nachfolger Augustus um so vorsichtiger gemacht. Wir wissen, daß er mehrmals Züge nach Britannien vorhatte, aber sich stets durch andere Unternehmungen davon ablenken ließ. Unter seinem Namen findet daher der Leser hier nur zwei Berichte seiner Zeitgenossen, die widerspiegeln, was man zu seiner Zeit über Britannien wußte und dachte. Der eine ist der Geographie des Strabon entnommen, eines klein-

asiatischen Griechen, der in Rom bei hochgestellten Persön-
lichkeiten verkehrt hat. Wenn er in diesem Abschnitt eine
Eroberung Britanniens als wirtschaftlich unvorteilhaft dar-
stellt, so dürfen wir vermuten, daß dies schließlich die auch
an Augustus' Hof herrschende Meinung war. Neben Strabon tritt als Zeuge dieser Zeit der Sizilier Diodoros, Verfasser einer.offenbar auf breite Leserkreise berechneten, aus
verschiedenen Quellen meist oberflächlich abgeschriebenen
Weltgeschichte. Die flüchtige Arbeit ist auch unserem kur-
zen Abschnitt anzumerken; er bleibt aber kennzeichnend
für die Vorstellung, die damals im allgemeinen in Rom über
das noch in halb fabelhafter Ferne liegende Land umging.
Bodenfunde haben jedoch erwiesen, daß der Handel zwischen Britannien, Italien und Gallien zu Augustus' Zeit
noch größer gewesen ist, als Strabon angibt; London hatte
schon damals hervorragenden Anteil daran. Auch war
der Ackerbau und das Tragen leinener und wollener Kleidung auf der Insel seit langem weit verbreiteter, als es
die geographischen Kapitel bei Caesar oder Diodoros an-
geben.

Einige Jahrzehnte nach Augustus' Tode erfolgte eine
Wendung in der Politik Roms gegenüber Britannien; Kaiser
Claudius leitete im Jahre 43 nach Chr. die Eroberung der
Insel ein. Eine zeitgenössische Quelle über diesen Feldzug
ist nicht mehr vorhanden; unser Buch bringt den einzigen
erhaltenen Bericht, den der hohe römische Staatsbeamte
Cassius Dio Cocceianus zu Beginn des 3. Jahrhunderts in
seiner umfangreichen Darstellung der römischen Geschichte
gegeben hat. Angeschlossen ist ihm ein kurzer Abschnitt
aus Pomponius Mela, der unter Claudius einen Abriß der
Geographie aus guten Quellen zusammengestellt hat; er
spielt darin ausdrücklich auf den bevorstehenden Triumph
des Kaisers an.

Von hier an hat Tacitus (etwa 55 bis 120) das Wort, zu-

nächst mit Teilen seiner beiden Hauptwerke, der „Annales"
und der „Historiae", in denen von Kämpfen unter Claudius
(Kaiser von 41 bis 54), Nero (54 bis 68) und Vitellius (69)
berichtet wird, dann mit dem vollständig abgedruckten
„Agricola", dessen Hauptereignisse in die Regierungszeit
des Kaisers Domitianus (81 bis 96) fallen. Dies Werk ver-
dankt zwar seine Entstehung der Verwandtenliebe des Tacitus, der mit einer Tochter des Agricola verheiratet war,
greift aber an vielen Stellen weit über diesen Anlaß hinaus.
Tacitus gibt uns noch einmal eine gedrängte Übersicht
aller Vorgänge, die wir den vorausgehenden Darstellungen
bereits entnommen haben, und läßt in der Rede des Calgacus die Empfindungen der Völker, die sich Roms Über-
macht beugen mußten, ergreifend zu Worte kommen. Für
eine solche Zusammenfassung eignete sich eine Biographie
des Agricola besonders gut, weil unter seinem und seiner
beiden bedeutenden unmittelbaren Vorgänger Oberbefehl
die militärische Ordnung der neuen Provinz durchgeführt
wurde; auf Petilius Cerialis geht das Legionslager Eburacum (York), auf Julius Frontinus, einen berühmten Fach-
mann des Festungsbaues, das von Isca (Caerleon-on-Usk
im Gebiet der Severnmündung), auf Agricola das von Deva
(Chester) zurück. Daß Domitian seinen Feldherrn nur aus
Mißgunst abberufen hat, ist zweifelhaft; gemessen an der
Amtszeit des Cerialis und Frontinus ist Agricola sogar be-
vorzugt zu nennen. Es war nicht Brauch, solche Komman-
dos immer wieder zu verlängern. Hier hat der Haß Tacitus die Feder geführt. Aber das letzte Kapitel gilt in
tröstlichem Aufschwung der Wirkung, die ein groß ange-
legter Mensch wie Agricola durch sein Beispiel ausübt, und
zeugt von dieser Fortdauer des Einzellebens mit Wärme
und Überzeugung. Die Sprache des „Agricola" hat Tacitus
selbst „ungefeilt und schmucklos" genannt, wohl um seine
Leser von vornherein davor zu warnen, pomphafte Rhe-

torik bei ihm zu suchen; uns Heutigen erscheint sie in ihrer
farbigen Knappheit dem Gegenstande völlig angemessen,
geschmückt mit allen Vorzügen seines Stils und dabei
durchglüht von einer Begeisterung, die später, wo er weniger persönlich beteiligt war, nur zu oft reiner Bitterkeit
weichen mußte. So hat seine Schrift hohe Bewunderung der
Kenner gefunden. „Man sollte bei Abfassung einer Mono-
graphie jedesmal Tacitus' Agricola neben sich haben und
sich sagen: je weitläufiger, desto vergänglicher" (Jacob
Burckhardt, Weltgeschichtliche Betrachtungen).

Noch über dreihundert Jahre hat Britannien nach Agricolas Fortgang unter römischer Herrschaft gestanden, aber
die schriftlichen Berichte über diese Zeit sind nur dürftig
und daher in diesem Buch unberücksichtigt geblieben. Der
römische Geist hat Britannien nicht wie Gallien in der Tiefe
durchdrungen; kein großer Schriftsteller Roms stammt aus
England, das stets mehr Außenbastion als Kulturgebiet des
Reiches war. Die Spuren militärischer Tätigkeit, die die
Ausgrabungen der letzten Jahrzehnte in weitem Umfange
haben erkennen lassen, sind freilich recht bedeutend. Neben
die Reste der Legionslager tritt hier vor allem der Wall des
Kaisers Hadrian, von 120 bis 123 als Grenzbefestigung nach
Norden errichtet. Er zieht sich von Newcastle aus quer
durch die Insel bis zum Solway Firth. Plünderungen und
Schleichhandel zu verhindern, wird sein Hauptzweck gewesen sein; bei einem großen Angriff auf die Provinz
konnte er den Ansturm wenigstens vorübergehend auf-
halten. Das ganze Werk war gediegene Arbeit, großenteils
aus Stein, im übrigen als Erdwall errichtet, und mit vielen
steinernen Forts versehen. Allein zur Aushebung des Gra-
bens haben fast zwei Millionen Kubikmeter Grund, zum
großen Teil Felsen, bewegt werden müssen. Die Erbauer
waren Soldaten. Die Besatzung berechnet man auf 14 000
Mann kämpfender Truppen und 5000 Patrouillengänger.

Es waren meist Hilfsvölker, Legionäre wurden nur in geringer Anzahl dazu verwendet.

Eine zweite Befestigung, der Antoninswall, wurde zwanzig Jahre später unter Antoninus Pius zwischen Firth of Forth und Firth of Clyde errichtet. Aber sie hatte niemals Stärke und Bedeutung des ersten Werkes, das trotz der Neuanlage nicht aufgegeben wurde. Schon unter Commodus (180 bis 192) überstiegen von Schottland her mehrere Stämme den Antoninswall und plünderten die Gegend südlich davon. Damit beginnt das allmähliche Zurückweichen Roms vor den Barbaren. Septimius Severus brachte die letzten Jahre seiner Regierung im Kampf um die Verteidigung Britanniens zu, konnte aber nichts Entscheidendes mehr erreichen und starb 211 in Eburacum. Schon damals wurde auch der Hadrianswall schwer von den einfallenden Gegnern beschädigt; Severus ließ ihn erneuern. Mit ganz besonderem Erfolge hat dann gegen Ende des 3. Jahrhunderts der Vater Konstantins des Großen, Constantius Chlorus, die Verteidigung Britanniens übernommen. Auf ihn gehen außer neuen Arbeiten am Hadrianswall die Befestigungen der Südostküste zurück, die das Land vor den Einfällen sächsischer und fränkischer Seeräuber schützen sollten. Sie dienten als Stützpunkte der Flotte, die seit dem ersten Jahrhundert zum Schutze Britanniens in Boulogne stationiert war. Kurz vor seinem Tode (306 in Eburacum) schlug Constantius noch die Pikten, wie die Stämme Schottlands damals genannt wurden. Die guten Folgen seines Wirkens äußerten sich in einem allgemeinen Aufschwung der Provinz während der ersten Hälfte der 4. Jahrhunderts; dann zog der Niedergang des Reiches auch Britannien mit sich. Zu den Einfällen der Pikten kamen die der Skoten von Irland aus; die Seeräuber erneuerten ihre Angriffe. Gegen Ende des 4. Jahrhunderts zog man die Truppen aus dem Hadrianswall; 407 verließen die letzten römischen Truppen

Britannien, und Kaiser Honorius gab den Einwohnern, die sich mit Treuebezeugungen an ihn wandten, den Rat, nach bestem Können selbst für ihre Sicherheit aufzukommen. Noch einmal ist dann in den nächsten Jahren der Versuch einer Erneuerung der Römerherrschaft in Britannien gemacht worden, aber die Einzelheiten bleiben im Dunkel. Die Zeit war reif für die Einwanderung der Angelsachsen.

Eine umfassende Darstellung der Römerherrschaft in Britannien gibt es in deutscher Sprache nicht. Die schönste Einführung ist auch heute noch das Britannienkapitel im 5. Bande von Mommsens römischer Geschichte (1885). Die Real-Enzyklopädie des klassischen Altertums von Pauly-Wissowa-Kroll bringt viele Einzelartikel über das Gebiet, z. B. unter dem Stichwort Limes von Fabricius über die Befestigungen. Der Artikel Britannia ist veraltet. Eine hervorragende und ausführliche Schilderung aus jüngster Zeit gibt R. G. Collingwood im ersten Bande der Oxford History of England unter dem Titel Roman Britain (1937). Außerdem bieten die einschlägigen Artikel der Encyclopaedia Britannica und der Enciclopedia Italiana vorzügliche Übersichten.

ANMERKUNGEN

9, 29 Die Veneter waren ein gallischer Stamm an der Südküste der Bretagne.

11, 4 Man nimmt gewöhnlich an, daß Caesar den Hafen Portus Itius, wahrscheinlich das heutige Boulogne, von dem er bei seinem zweiten Zug nach Britannien ausfuhr, auch bei dem ersten benutzte.

11, 8 Die Atrebaten saßen an der Kanalküste zwischen Boulogne und der Somme.

13, 18 Dieser Hafen ist, falls Caesar von Boulogne ausfuhr, das nördlich davon gelegene Ambleteuse.

13, 20 Der Text scheint hier nicht vollständig überliefert zu sein.

33, 6 Gallia Cisalpina ist Oberitalien, Illyricum Dalmatien und die nördlich angrenzenden Gebiete. Beide Länder gehörten zu Caesars Provinz. Die Pirusten sind ein illyrischer Stamm.

35, 4 Die eingeklammerten Worte sind wahrscheinlich interpoliert, d. h. dem Text von fremder Hand nachträglich eingefügt. Sachliche und stilistische Gründe sprechen gegen die Echtheit der Stelle.

35, 23 An die Remer erinnert noch heute der Name der Stadt Reims.

37, 27 Die Melder saßen an der Mündung der Marne in die Seine. Die Schiffe müssen also auf der Seine bis zur Küste gelangt und dann auf dem Meere in einen Sturm geraten sein.

49, 3 ff. Der ganze Abschnitt erscheint nach Stellung und Stil als eine spätere Einfügung von fremder Hand.

59, 6 Die Sitze dieser Stämme, die sich im Themsegebiet und nördlich davon befunden haben müssen, sind unbekannt. Sie selbst werden nur hier erwähnt.

61, 3 Man hat vermutet, daß Caesar selbst die Vermittlung des Commius veranlaßte, da er eine Rückkehr nach Gallien für nötig hielt.

69, 17 Hercynischer Wald: das deutsche Mittelgebirge.

73, 12 Iktis ist vielleicht St. Michael's Mount bei Pen-

zance (Cornwall). Man hat auch an die Isle of Wight gedacht.

77, 3 Bericus, sonst nicht bekannt.

77, 11 Narziß war Freigelassener, also als Sklave geboren, und wurde darum trotz seiner hohen Stellung an Claudius' Hofe von den Soldaten nicht ernstgenommen.

79, 6 Cunobellinus: Shakespeares Cymbeline.

79, 8 Die Bodunner werden sonst nicht erwähnt.

79, 9 Die Catuvellauner wohnten nördlich und westlich von London.

79, 11 Der Fluß ist der Medway in Kent.

89, 11 Die Ceanger saßen wahrscheinlich in der Gegend von Deva, dem heutigen Chester. Der Name, bei Tacitus Cangi, ist mit Hilfe von Inschriften erschlossen worden.

97, 11 Syphax, König von Mauretanien im zweiten punischen Kriege.

97, 11 Perseus, der letzte König von Makedonien, wurde 168 v. Chr. entthront.

99, 10 Gegen die Sugambrer kämpften Drusus und Tiberius, die Stiefsöhne des Augustus. Ihre Sitze waren am Rhein, zwischen Ruhr und Sieg.

105, 29 Druiden: die keltische Priesterschaft. Nach Caesar stammte ihre Lehre aus Britannien; dort hat sie sich auch am längsten gehalten.

109, 10 Divus: Bezeichnung des nach dem Tode zum Gott erhobenen Kaisers, bedeutet: der Göttliche.

109, 31 Dem Prokurator unterstand die Finanzverwaltung einer Provinz. Er war dem Kaiser unmittelbar verantwortlich. Manche Kaiser benutzten den Prokurator als Gegenspieler des Legaten, der den militärischen Oberbefehl in der Provinz besaß.

119, 19 Man vermutet heute mit guten Gründen, daß Classicianus der Rachsucht des Suetonius mit Recht entgegengetreten ist und daß den Tacitus hier wie auch in andern Fällen sein Haß gegen die Kaiser irregeleitet hat.

127, 15 Rutilius und Scaurus, Zeitgenossen des Marius, lebten etwa 200 Jahre vor Tacitus. Beide sind Konsuln gewesen.

127, 23 f. Thrasea Paetus wurde unter Nero, Helvidius Priscus unter Vespasian, ihre Lobredner unter Domitian hingerichtet. Alle vier waren als Anhänger der stoischen Philosophie in den Verdacht freiheitlicher Gesinnung geraten.

127, 29 Das Comitium ist der Platz der Volksversammlungen.

131, 11 Forum Iulii: heute Fréjus in Südfrankreich.

131, 16 Marcus Silanus war der Schwiegervater des Kaisers Gajus, der unter seinem Beinamen Caligula bekannter ist.

135, 31 Intimilium: Ventimiglia an der Riviera.

135, 31 Ligurien: die Landschaft um Genua.

137, 13 Die zwanzigste Legion stand damals in Britannien.

141, 29 Titus Livius, der berühmte Geschichtsschreiber der augusteischen Zeit.

141, 29 Fabius Rusticus, ein Geschichtsschreiber, der wahrscheinlich die Zeit des Claudius und Nero geschildert hat.

143, 9 Thule: vielleicht waren es die Shetlandinseln.

145, 2 Die Hiberer waren in Spanien ansässig.

163, 28 Tanaus: nur hier erwähnt, nicht mehr bestimmbar.

171, 29 Die Usiper saßen östlich des Niederrheins.

175, 1 Graupius: dem Zusammenhang nach im südlichen Schottland, heute nicht mehr bestimmbar.

187, 23 f. Die Bataver hatten ihre Sitze an der Rheinmündung, die Tungrer in Ostbelgien.

193, 12 Die Borester werden sonst nicht erwähnt, ihre Sitze sind daher unbekannt.

193, 20 Trucculensischer Hafen, unbekannt.

197, 25 Moesien, römische Provinz am Unterlauf der Donau.

197, 25 Dacien, Provinz, umfaßte Siebenbürgen und die Kleine Walachei.

197, 25 Pannonien umfaßte das östliche Alpengebiet und Westungarn bis zur Donau.

203, 15 f. Nach diesen Angaben lebte Agricola von 39 bis 93.

205, 17 f. Carus Mettius, ein öffentlicher Ankläger unter Domitian, ebenso Messalinus und Massa Baebius, der endlich selbst wegen Erpressung angeklagt und verurteilt wurde.

205, 18 Albana arx: ein Landgut Domitians im Albaner-
gebirge bei Rom.
205, 21 Mauricus, von Domitian verbannt, von Nerva
zurückgerufen, Bruder des Rusticus, s. Anm. 127, 23 f.
205, 21 Senecio, s. Anm. 127, 23 f.

ERKLÄRUNG
GEOGRAPHISCHER UND ETHNOGRA-
PHISCHER BEZEICHNUNGEN

A q u i t a n i a : das Land zwischen Garonne, Atlanti-
schem Ozean und Pyrenäen.
A s i a : das heutige Kleinasien.
B e l e r i u m : Lands End in Cornwall.
B o d o t r i a : Firth of Forth.
B r i g a n t e s : britannischer Stamm in der Gegend von
York.
C a l e d o n i a : Schottland.
C a m u l o d u n u m : Colchester, nördlich der Themse-
mündung.
C a t u v e l l a u n i : nördlich und westlich von London.
C l o t a : Firth of Clyde.
H a e d u i : führender Stamm der Gallier, ansässig zwi-
schen Saône und oberer Loire.
H i b e r n i a : Irland.
I c e n i : in Norfolk und Suffolk, nordöstlich der Themse-
mündung.
I t i o n : s. Portus Itius.
L o n d i n i u m : London.
M a s s i l i a : Marseille.
M e n a p i i : zwischen Dünkirchen und der Rheinmün-
dung.
M o n a : die Insel Anglesey in der Irischen See, bei Cae-
sar vielleicht die Isle of Man.
M o r i n i : an der Kanalküste ansässig, etwa zwischen
Boulogne und Dünkirchen.

Erklärung

O r d o v i c e s: in Nord-Wales.

O r k a s: das Nordkap Großbritanniens. Mit Orcades
sind die Orkneyinseln bezeichnet.

P o r t u s I t i u s: wahrscheinlich Boulogne.

S i l u r e s: in Süd-Wales.

T a m e s a , T a m e s i s: die Themse.

T r e v e r i: an der mittleren Mosel.

T r i n o v a n t e s: nordöstlich von London.

V e r u l a m i u m: in der Nähe des heutigen St. Albans, Hertfordshire, nördlich von London.

DIE TUSCULUM-BÜCHER
Antike Autoren im Urtext mit deutscher Übertragung

Aesopische Fabeln
ed. Hausrath, 152 S. Ln. RM 4.-

Aischylos: *Die Perser*
ed. Lange. 104 Seit. Ln. RM 3.-

(Aland): *Das Evangelium*
320 Seiten. Leinen RM 6.-

Alkiphron: *Hetärenbriefe*
ed. Plankl. 100 Seit. Ln. RM 3.-

Apuleius-Musaios: *Amor-Psyche*
Hero-Leander 144 S. Ln. RM 4.-

Aristoteles: *Biologische Schriften*
ed. Balss. 304 S. H'Lein. 4.50

Augustus: *Meine Taten*
ed. Gottanka, 92 S. H'Ln. RM 2.-

Catull: *Sämtliche Gedichte*
ed. Schöne. 200 S. Lein. RM 4.50

Cicero: *Meisterreden*
ed. Horn-Siegert. 348 S. L. RM 6.-

(Düll): *Corpus Juris*
260 Seiten. Leinen RM 5.50

Euripides: *Medea*
ed. Lange. 120 S. Ln. RM 3.50

(Geist): *Wandinschriften*
108 Seiten. Leinen RM 3.70

(Heimeran): *Antike Weisheit*
152 Seiten. Leinen RM 4.-

Heraklit: *Fragmente*
ed. Snell. 40 Seit. Ln. RM 2.-

(Hofmann): *Antike Briefe*
144 Seiten. Leinen RM 4.-

Horaz: *Oden und Epoden*
ed. Burger. 296 Seit. Ln. RM 5.-

Horaz: *Satiren und Briefe*
ed. Schöne. 400 S. Ln. RM 5.50

Lukian: *Tod des Peregrinos*
ed. Nestle. 56 Seit. Ln. RM 2.-

Martial: *Sinngedichte*
ed. Rüdiger. 284 S. Ln. RM 5.50

(Müri): *Arzt im Altertum*
216 Seiten. Leinen RM 4.50

Ovid: *Briefe der Leidenschaft*
ed. Gerlach. 320 S. Ln. RM 5.50

Ovid: *Liebeskunst*
ed. Burger. 240 Seit. Ln. RM 5.-

Petron: *Trimalchio*
ed. Hoffmann. 176 S. Ln. RM 4.50

Plato: *Gastmahl*
ed. Boll. 160 Seiten. Ln. RM 3.50

Plutarch: *Liebe und Ehe*
ed. Sieveking. 184 S. Ln. RM 4.50

(Reutern): *Hellas*
288 Seiten. Leinen RM 5.50

(Rüdiger): *Griechische Gedichte*
368 Seiten. Leinen RM 5.-

(Rüdiger): *Lateinische Gedichte*
340 Seiten. Leinen RM 5.50

(Rüdiger): *Goethes und Schillers*
Übertragungen. H'Lein. RM 6.50

Sallust: *Catilina*
ed. Schöne. 128 S. Ln. RM 3.50

Sappho: *Gedichte*
ed. Rupé. In Vorbereitung

(Scheffer): *Froschmäusekrieg*
64 Seiten. Leinen RM 2.-

(Snell): *Sieben Weise*
184 Seiten. Leinen RM 4.-

Solon: *Dichtungen*
ed. Preime. 68 S. Ln. RM 2.50

Sophokles: *Antigone*
ed. Barthel. 122 S. Ln. RM 3.50

Tacitus: *Germania*
ed. Ronge. 126 S. Ln. RM 3.80

Theophrast: *Charaktere*
ed. Plankl. 88 S. H'Ln. RM 2.50

Tibull: *Elegien*
ed. Fraustadt. 144 S. Ln. RM 4.-

Walthari
ed. Ronge. 108 S. Ln. RM 3.30

Stand vom Frühjahr 1944. Mehrere Bände vergriffen

Druck von H. Laupp jr in Tübingen